西方哲理译丛●

Adam Smith

〔英〕亚当·斯密——著

焦妹——译

国富论

金城出版社
GOLD WALL PRESS

北京·2020

图书在版编目（CIP）数据

国富论 /（英）亚当·斯密（Adam Smith）著；焦
妹译. —北京：金城出版社有限公司，2020. 8
书名原文：An Enquiry into the Nature and
Causes of the Wealth of Nations
ISBN 978 - 7 - 5155 - 2012 - 4

Ⅰ. ①国… Ⅱ. ①亚… ②焦… Ⅲ. ①古典资产阶级
政治经济学 Ⅳ. ①F091. 33

中国版本图书馆 CIP 数据核字（2020）第 059008 号

国富论

著　　者　（英）亚当·斯密
译　　者　焦　妹
责任编辑　李凯丽
责任校对　李　涛
开　　本　660 毫米 ×940 毫米　1/16
印　　张　18
字　　数　170 千字
版　　次　2020 年 8 月第 1 版
印　　次　2020 年 8 月第 1 次印刷
印　　刷　三河市双峰印刷装订有限公司
书　　号　ISBN 978 - 7 - 5155 - 2012 - 4
定　　价　39. 80 元

出版发行　**金城出版社有限公司**　北京市朝阳区利泽东二路 3 号
邮编：100102
发 行 部　（010）84254364
编 辑 部　（010）84250838
总 编 室　（010）64228516
网　　址　http://www.jccb.com.cn
电子邮箱　jinchengchuban@163. com
法律顾问　北京市安理律师事务所　（电话）18911105819

原　序

每个国家的年度国民劳动，本质上是为该国年度消费的一切生活必需品和便利品提供存储。而这些必需品和便利品，或者由该国劳动直接生产而来，或者用这些自产的物品与外国交换而来。

由于上述劳动产品或交换产品，相对于一国的消费者人数，总是有着大小不一的比例，这就影响着该国国民所消费的必需品和便利品供给的充足与否。

但是，对每个国家而言，这一比例都要受到两种情况的制约：一是该国劳动普遍的熟练灵巧程度和判断能力；二是从事有用劳动的人数与不从事此种劳动的人数之比。一个国家，无论土壤、气候，以及国土面积怎样，其年度消费供给充盈还是不足，必然取决于上述两种情况。

另外，国家年度供给充足与否，似乎更多地取决于第一种情况。对那些靠渔猎为生的蛮人民族来说，凡是有劳动能力的人都会或多或少地从事这里所说的有用劳动，来尽可能地为自己，或家庭和部落当中的其他老幼病残等次劳动力提供生活的必需品和便利品。但是，这些蛮人民族的生活太艰辛了，以至于很多时候他们不得不迫于缺衣少食的困境(或者，至少他们主观上认为自己是缺衣少食的)，而去杀死或者遗弃婴儿，对老人，还有久病不起的人，任其饿死或被野兽吃掉。而对于繁荣富足的文明民族来说，情况正好截然相反。很多社会成员虽然从来不参加劳动，却照样消费着十倍甚至百倍于劳动者所消费的社会产品，即使他们的人数比劳动者人数要少得多；然而社会的整体劳动产品太丰足了，所以社会成员通常都可以有充足的供给，就连最底层的穷人，只要勤俭持家，也会比蛮人民族的任何成员享受更多的生活必需品和便利品。

劳动生产力提高了，原因何在，以及随之而来的按照什么顺序将社会产品分配给各个阶层，这些即是本书第一篇要探讨的主题。

无论一个国家的普遍劳动水平是何等熟练灵巧，何等有判断能力，该国年度供给在此生产力基础上是充盈还是不足，必然取决于年度参加有用劳动的人数与不参加此劳动的人数之比。本书还将谈及，不论什么情况下，参加有效生产劳动的人，总是和启动劳动生产的资本数量及资本运作方式成比例。因此，本书第二篇探讨的是资本的性质，资本逐渐积累的方式，以及不同的资本运作方式所启动的不同劳动生产量。

那些已经具有了相当劳动熟练程度和判断力的国家，对于劳动实践的一般做法和方向，往往有着不尽相同的规划。这些规划对于增加生产的贡献也不尽等同。某些国家的政策，是优先鼓励乡村的产业，另外一些国家则注重城镇产业的发展，很少有哪个国家会不偏不倚，完全同等地对待每一种产业。自罗马帝国衰败以来，欧洲国家的政策，就更多地注重城镇产业的发展，如艺术、制造业和商业，而非农业等乡村产业。导致这种政策的原因，将在第三篇中述及。

这些政策和规划，起先也许是源于特殊阶级的一己私利和偏见，他们丝毫没有去考虑或者预见这些规划给社会福利带来的各种后果；然而这些规划却引发了截然不同的政治经济理论。某些人大力宣扬城镇产业的重要性，其他人又极力推崇发展乡村产业。这些各执一词的理论，不仅极大地影响了学者文人们的观点，同时也大大左右了君主们的王权统治。本书第四篇，作者将对这些理论学说做出充分且独到的分析，并阐述他们在不同时代和不同国家所产生的重要影响。

综上所述，本书前四篇的内容，旨在说明广大人民的收入构成，以及不同时代在不同国家提供年度消费的存储的本质。本书第五篇也是最后一篇，探讨的是封建君主或共和国家的收入，内容主要集中在以下几点：一、封建君主或共和国家的必要费用是什么，此费用的哪些部分应该抽自向全社会征收的赋税，哪些部分应该抽自某些特殊社会阶级和成员所负担的税务；二、向全社会所有纳税人征收的赋税，是通过怎样的方式募集而来，不同的募集方式又各有什么利弊；三、几乎所有的近代国家政府都把税收的一部分作为抵押发行国债，此现象原因何在，且这些债务对于真实财富，即社会土地和劳动的年度产物，产生了怎样的影响。

译 序

对于经济学研究领域的人们来讲，亚当·斯密的名字绝对不陌生。他是经济学思想体系的开山鼻祖，曾经影响了马克思、李嘉图、穆勒、凯恩斯等几代人的经济学思想。

然而据译者所知，不少经济学领域的专业人士也未曾完完整整地读完过这本巨著，至于此领域之外的普通读者，那就更别提了。为什么会这样呢？个中原因追究起来，无非是因为原著及其译本篇幅巨大，洋洋洒洒数十万字，其中举证又多是几个世纪以前的事例国情，比起众多现代经济学家的著作，其现实意义似乎不那么明显。然而我国实行市场经济时日不多，在此国情下，政府调控与经济规律等诸多方面尚有极大的探索空间，像《国富论》这样高屋建瓴地论述国民经济运动过程的著作，其重要意义就不言而喻了。

《国富论》于1776年问世，全名为《论国民财富的性质和原因》。亚当·斯密耗时9年完成了这本巨著。他于1790年去世，其墓志铭仅有“《国富论》作者”几个字，可见这本书对作者的意义非凡。本著作问世的时候，正处于资本主义发展初期，它总结了各国资本主义发展的经验，提出了自由放任的主张，被誉为“第一部系统的伟大的经济学著作”，对经济学和资本主义的发展都起了重大的促进作用。人们以“一鸣惊人”来形容《国富论》的出版，并一致公认亚当·斯密是一门新学科——政治经济学的创始者。亚当·斯密因此而声名显赫，被誉为“知识渊博的苏格兰才子”。据说当时英国政府的许多要人都以当“斯密的弟子”为荣。国会进行辩论或讨论法律草案时，议员们常常征引《国富论》的文句，而且一经引证，反对者大多不再反驳。《国富论》发表之后，被译为多国文字，传到国外，一些国家制定政策时都将《国富论》的基本观点作为依据。这本书不仅流传于学术界和政界，而且一度成为不少国家社交场合的热门话题。

马克思这样评价他：“在亚当·斯密那里，政治经济学已发展为某种整体，它所包括的范围在一定程度上已经形成。”亚当·斯密第一次对政治经济学的基本问题做出了系统的研究，创立了一个完整的理论体系，把英国资产阶级古典政治经济学提高到一个新的水平。《国富论》的学术意义还远远不止这些：虽然斯密主张放任自由，但他的论证却更多的是反对政府干预和反对垄断；虽然他肯定了贪欲的结果，却又对商人的行为和策略极为不屑；同时他也不认为商业制度本身是完全值得推崇的。

《不列颠百科全书》认为，经过200多年以后，亚当·斯密仍然是经济思想史中一个高耸入云的人物，读他的《国富论》会对学问和事业有所启发。在资本主义社会的发展方面，《国富论》起了重大的促进作用。在促成人们现代生活方式的许多因素之中，《国富论》所产生的影响，可媲美任何一本现代的典籍。18世纪结束以前，《国富论》就已出了9个英文版本。20世纪30年代商务印书馆出版的中译本几十年来影响广泛，但其不足之处随着时代变迁也日益暴露出来，旧式的语言已经不能满足现代读者的需要了。为了使这本内容宏大，章节繁多，令人望而生畏的专业巨著走上大众读者的书架，同时方便现代读者们领略其主旨和精华，译者在翻译本书时，删掉了一部分不太适合现代人阅读的内容，并尽力注意使用通俗化的语言进行诠释，同时保留了原有的章节安排。

在翻译过程当中，译者得到了好友中国人民大学市场营销学博士陈凯的大力支持与校正，在此表示衷心的感谢！囿于译者的有限水平，译文中出现差错在所难免，敬请广大读者批评指正。

译 者

目　　录

第一篇　论劳动生产力增进的原因及劳动产品自然分配的顺序

第二篇　论资财的性质及其积累和用途

第三篇　论各国财富的不同增长

第四篇　论各种政治经济学体系

第五篇　论君主或国家的收入

第一篇

论劳动生产力增进的原因及劳动产品自然分配的顺序

第一章　论劳动分工

劳动生产力最大的提高，以及在任何地方运用劳动时所体现出来的大部分熟练灵巧程度和判断能力，似乎都是劳动分工的结果。

一般人认为，劳动分工最细的，是一些微不足道的制造业。事实上它们并不比那些大型制造业分工更细。然而，因为供给少数人小量需求的小型制造业雇用的工人必然不多，各部门工人往往可以集中在同一个厂房内劳动，观者便能一览无余。而大型制造业，尽管实际上比小型制造业分出了更多的部门，但因为不像小型制造业的划分那么明显，所以很少被人注意到。

从一个具体的例子来看：别针制造业本身是很不起眼的，但它的分工却是那么引人注意。一个没有受过相关训练的工人，也不知道怎样使用相关的机械，纵使他拼命工作，也许一天连 1 枚别针也制造不出来，更不用说 20 枚了。但是按照现在这种职业化、部门化的经营方法，别针的制造被分成了 18 道不同的工序。我见过一个这样的小工厂，那里只雇用了 10 个工人，都很穷困，必要的机械设备也都很简陋，但他们如果尽力而为，一天却能制针 12 磅。以每磅有中等针 4000 枚来计算，10 个工人每天就可以制针 48000 枚，即每人每天可制针4800枚。但是如果他们全部各自独立工作，说不定每人每天连1枚针也制造不出来。也就是说，恐怕他们连现在适当分工合作后所完成的工作量的1/4800也制造不出来。

在每种其他的工艺及制造业中，只要能够并且采用了劳动分工，劳动生产力便能够相应地提高。各种行业之所以彼此独立划分开来，似乎也是由于劳动分工带来的这种好处。那些产业与劳动生产力的提高程度最高的国家，其各行各业的分工也都达到极彻底的程度；未开化社会中一人担当的工作，在进步的文明社会中，一般都分成几个人的工作。在每一个进步的文明社会中，农民一般来讲就只是农民，制造者就只是制造者。诚然，农业的性质不同于制造业，不像制造业有那样细致的劳动分工，各种农活，也不允许像制造业那样彼此截然分开。木匠与铁匠，通常是两种截然分开毫无干系的职业，但放牧与种田这两种农活，却不能像前者那样完全划分开来。各种农业劳作，要受季节变换的制约，一个人只从事某一种劳作，这是绝不可能的。所以，农业劳动生产力的提高，总是不及制造业劳动生产力的提高，也许就是因为农业不能采用完全彻底的分工制度。诚然，最富裕的国家，不管是在农业还是制造业上都超过他们的邻国，但他们在制造业方面的优势，普遍大于在农业方面的优势。富国的土地，一般都耕耘得更好，在土地上的劳动与费用投入也更多，而产量按照土地面积与肥沃情况的比例来说也更多；但是，产量即使大出这么多，却很少在比例上大大超过多出来的劳动和费用投入。在农业方面，富国未必都比穷国有大得多的劳动生产力，至少不像在制造业方面那样优势突出。因而，品质同样优良的小麦，其市场售价，富国未必都比穷国低廉。论富裕和技术程度，法国远胜于波兰，但同样品质的波兰小麦的价格，与法国小麦同样低廉。尽管穷国在耕作上处于劣势，但其生产的小麦，却能在相当程度上靠质优价廉与富国竞争，但在制造业上它是无法这样和富国竞争的。

有了劳动分工，使得同样数量的劳动者能够完成成倍增长的工作量，究其原因，在于三点：

第一，劳动者熟练程度的增加，必然带来工作量的增加。劳动分工的结果，是使每个劳动者终生局限于某种简单的操作，这当然能够大大提高自己的劳动熟练程度。如果让一个从没有做过铁钉的普通铁匠去制钉，我敢说，他一天最多只能做出两三百枚来，而且还是质量不合格的铁钉。我见过几个以制钉为业的不满 20 岁的青年人，他们拼命工作时，每人每日能制造 2300 多枚铁钉。所以，有些制造业操作的速度，如果你没有亲眼目睹，决不会相信人的手能有这样大的潜力。

第二，节约了由一种工作转到另一种工作通常要损失的时间。一个耕作小块土地的农村织工，从织布机转到耕地里，又从耕地回到织布机，肯定要浪费许多时间。而这两种手艺，如果能在同一场所进行，损失的时间无疑要少得多。但即使如此，损失还是很大。

第三，机器的发明，便利和简化了劳动，使一个人干多个人的工作成为可能。今天劳动分工最细密的各种制造业中所使用的机械，大部分原本是普通工人发明的。他们从事的是最简单的操作，自然会花心思去寻找更便利更快捷的操作方法。

然而，机器的改良，决不都是由有机会使用机器的人发明的。还有一些改良，是出自哲学家或思想家们的聪明才智。他们的任务，不在于制造任何实物，而在于观察每一件事物，所以他们常常能够把各种毫无联系而且迥然不同的事物的力量结合在一起。随着社会的进步，哲学家或思想家也成了某一阶层公民的主要或唯一职业。并且，哲学中的职业划分，也像其他职业那样，提高了熟练程度，节省了时间，科学的内容也随之大大增加。

由于劳动分工使得社会产品成倍增长，在一个治理井然的社会，所有阶级都变得普遍富裕起来，甚至是最底层的人民。

看一下那些文明繁荣的国家里最普通的技工或日工的日常用品吧，你会发现，提供自己劳动的一部分（虽然只是一小部分）来生产这种日常用品的人，不计其数。例如，日工所穿的呢子上衣，虽然粗糙，却是许多劳动者联合劳动的产物。牧羊人、选毛人、梳羊毛者、染工、梳工、纺工、织工、漂工、裁缝，以及许许多多其他的人，必须都参与到这件看似普通的物品的制造中。另外，把原材料由甲地运至乙地，从某些工人手里运至相距甚远的另一些工人那里，需要多少商人和运输者啊！需要多少船工、水手、制帆人和制绳人啊！生产这些最底层劳动者所使用的工具，又需要多少种不同的劳动啊！总之，假如我们考察一下所有这些东西，想一想每样东西都要耗费多少劳动，我们就会知道，没有成千上万人的帮助和合作，一个文明国家里的最卑贱的人，也无法得到他平时所用的那种简单普通的日常用品。

第二章　论引起劳动分工的缘由

劳动分工最初并不是人类智慧预见到分工会产生普遍富裕的结果，它是人性中某种倾向的必然结果。这种倾向就是互通有无，进行物物交换。

这种倾向，是人类所共有也是人类所特有的，而其他各种动物则没有。我们从未见过两只狗用骨头进行公平的审慎的交换；也从未见过一种动物，以姿势或叫声，向其他动物表示说：这是我的，那是你的，我愿意以此交换。几乎每一种别的动物，成年后就独立生存，自然状态下不再需要其他动物的帮助。但人类几乎随时随地都需要同胞的帮助，幻想仅仅依赖他人的恩惠，是行不通的。如果能够刺激他人的利己之心，并告诉对方，帮助他是对他们自己有利的，他就很容易如愿以偿了。

产生劳动分工的也正是人类要求互相交换的这种倾向。例如，在狩猎民族或游牧民族中，某个善于制造弓箭的人，常常用弓箭与他人交换牲畜或兽肉，结果他发觉，这样比亲自到野外去捕猎得到的要多。出于自身的利益打算，他便把制造弓箭变成了一种主要职业。同样的道理，另一个人成为了木匠，第三个人成为了铁匠或铜匠，第四个人成为了硝皮人或制革人。这样一来，人人都肯定能把自己消费不了的剩余产品，拿去交换他人的剩余产品，这就鼓励大家各自专注于一种专门职业，并在各自的业务上，完善和发挥各自的天赋和才能。

不同的人天赋才能上的差异，实际上并不像我们所想象的那么大。两个性格迥异的人，例如哲学家和挑夫，他们的差异，似乎不是由于天性，而是起因于习惯、风俗与教育的不同。如果没有互通有无、物物交换的倾向，每个人都须亲自操办自己的一切必需品和便利品，而每个人都从事相同的工作，就不可能存在职业上和才能上的差异了。

形成不同职业、不同才能间差异的，是交换的倾向；使这种差异成为有用的也是交换的倾向。哲学家与挑夫的差异，远远小于猛犬与猎狗的差异，以及猎狗与长耳狗的差异，还有长耳狗与牧羊犬的差异。但是，这些同种不同属的动物，并没有彼此互通有无，互惠互利。与之相反，人类把各种才能所生产的不同产物，通过交换变成一种共同的资源，各个人都可以购买到自己需要的别人生产的物品的一部分。

第三章　论劳动分工受市场范围的限制

劳动分工起因于交换能力，而分工的程度，必然要受到交换能力大小的限制。换言之，要受到市场范围的限制。

有些职业，哪怕是最低级、最普通的，也只能在大城市经营。例如搬运工，离开了大城市生计就没有着落了。荒凉的苏格兰高地一带的小村庄里，要在方圆 20 里内找到两个铁匠、木匠或泥瓦匠，可不容易。在那样的穷乡僻壤，无论如何，也不可能维持一个专业制钉的工人。因为即使他一天只能造 1000 枚铁钉，一年只劳动 300 天，每年也能造 30 万枚。可是他一整年也卖不出他一天的产量，即 1000 枚也卖不出去。

水运开拓了更加广阔的市场，这是陆运所望尘莫及的。一辆宽轮马车，2 人驾驶，8 匹马拉的话，在伦敦和爱丁堡之间来回运送 4 吨货物，大约需要 6 个星期。同样的时间内，一艘 6 人或 8 人驾驶的轮船，往往可以在伦敦和利斯港之间来回运送 200 吨货物。所以，把 200 吨货物由伦敦运往爱丁堡，以最低陆运费用计算，要开支 100 人 3 个星期的生活费和 400 匹马 50 辆货车的损耗。若改为水运，充其量也不过是 6 人至 8 人的生活费，以及载重 200 吨的一艘货船的损耗和保险费差额，即水运保险费与陆运保险费之间的差额。由伦敦至加尔各答，有什么货物负担得起陆运费用呢；即使有，又有什么运输方法能使货物安然无恙地通过两地间的许多野蛮民族的领土呢？然而，现今这两个城市之间，进行着大规模的贸易，相互提供市场，并对彼此的产业发展，给予着极大的鼓励。

由于水运有如此大的便利，在海岸以及在通航河道的两岸，不同的产业开始自然地分工，并不断改进，而这种改进，要等待相当长的时间，才能推广到内陆地区。

根据最可靠的历史记载，开化最早的就是地中海沿岸的国家。地中海是世界上最大的内海，没有潮汐，水平如镜，极其利于最早的航运事业。地中海沿岸各国当中，农业和制造业都得到了重大发展和改良的，首推埃及。在下埃及，尼罗河分成无数支流，不仅在其境内所有大城市之间，而且在所有重要的村落之间，都提供了水上交通的便利。这与今天荷兰境内的莱茵河和麦斯河几乎是同样的情况。

在东印度的孟加拉，恒河及其他几条大河与埃及的尼罗河一样，形成了大大小小可以通航的河道。中国东部的各省，也有几条大江大河，分成许多支流和水道，形成了一个河道网。这个广阔的交通网，不但比尼罗河或恒河都广大，就是两条大河加在一起也望尘莫及。但奇怪的是，古代埃及人、印度人和中国人，不约而同地都不鼓励对外贸易，他们的财富似乎全都来自内陆航运的繁荣。

而在非洲内地，黑海和里海以北遥远的亚洲地区，古塞西亚，即今天的鞑靼斯坦和西伯利亚，以及巴伐利亚、奥地利和匈牙利，似乎一直以来都处于野蛮未开化状态。鞑靼海是不能通航的冰冻海洋；非洲没有广大的内海或港湾，各大河流又相距甚远；多瑙河的航行，对巴伐利亚、奥地利和匈牙利各国也没起到多大的作用。一个国家境内，即使有大河流经，却没有任何支流，其下游又流经别国国境入海，随时都要受下游国的支配，这个国家也就仍然不能大规模发展两岸商业。若多瑙河到黑海整个流域为三国中任何一国所独占，其效果就不可同日而语了。

第四章　论货币的起源及其用途

劳动分工一经完全确立，每一个人都要靠交换来生活，一定程度上，每一个人都成为了商人，而社会本身，也成了真正意义上的商业社会。

但是，劳动分工最初发生的时候，这种交换力量在发挥作用时往往遇到困难。例如，屠户把自己消费不了的肉，放在店内，酿酒师和面包师，都想购买自己所需要的一份肉，但这时，假设他们除了各自的产品以外，没有其他的物品可以交换，而屠户又已经有了他所需要的啤酒和面包，那么这种情况下，他们彼此之间就无法进行交易。为了避免这种局面，除自己的劳动产品外，人们身边会随时带有一定数量的某种物品，在他想用来和任何人交换时，都不会遭到拒绝。

在未开化的野蛮社会，据说曾以牲畜作为商业上的通用媒介；阿比西尼亚以盐为媒介；印度沿海某些地方，以某种贝壳为媒介；弗吉尼亚用烟草；纽芬兰用干鳕鱼；我国西印度殖民地用砂糖；其他某些国家则用兽皮或皮革。

然而，在所有的国家，由于种种不可抗拒的理由，人们都终于决定使用金属而不使用其他商品来完成这种职能。金属不易磨损，容易保存；还能不受损失地任意分割，分割了也可再次熔合。这种性质是其他一切耐久性商品所不具备的。

不同的国家使用了不同的金属。古斯巴达人用铁，古罗马人用铜，而所有富裕的商业国家使用金银。最初用作此用途的金属，似乎都是粗条，未经过铸造。在这样粗糙状态下使用金属，有两种极大的不便：第一是称量的麻烦；第二是化验的困难。贵金属在分量上极微小的差异，就会导致在价值上极大的差别。尤其是黄金的称量，更是一种精密的操作。在铸币制度尚未实施以前，除非通过又困难又繁琐的检验，否则人们很容易受到欺骗。他们出售货物的所得，表面上很像一磅纯银或纯铜，其中却掺杂了许多最粗劣最不值钱的材料。许多进步国家，为避免这种弊端，规定在用于购买商品的金属上加盖印章，于是就有了铸币制度和造币厂这样的机构。其任务便是确定市场上各种商品的数量，并划一它们的质量。

最初盖在货币金属上的印章，目的似乎都在于确定金属的质量或纯度，后来为了准确地称量，则通过铸造确定金属的重量。从那以后，铸币就像现在一样按个数流通，省去称重量的麻烦了。

那些铸币的名称，最初似乎是要表明内含的重量或数量，自亚历山大一世到布鲁斯时代，苏格兰货币一磅，每磅都含有与英镑相同重量相同纯度的一磅白银。英格兰、法国和苏格兰的货币便士，最初都含有重一便士的白银，即一盎司的 1/20，一磅的 1/240。我相信，世界各国的君主，都是贪婪和不公的。他们欺骗臣民，逐渐减少铸币中原来含有的金属的重量。英格兰的镑和便士，现今价值大约相当于原来的 1/3；苏格兰的镑和便士，大约只有原来的 1/36；法国的镑和便士，大约相当于最初的 1/56。这样，君主和国家就能以低于标准的较小量的白银，去偿还债务并履行各种契约。实际上，政府允许国内所有的债务人，都有权以新的贬值币，偿还旧币债务。所以，这种办法，往往有利于债务人，而不利于债权人；有的时候，还会引发比公共灾难大得多、普遍得多的个人财产上的革命。

但货币却就在这情况下，成为一切文明国商业上的通用媒介。通过这媒介，一切货物都能进行买卖，都能相互交换。

人们在以货币交换货物或以货物交换货物时所遵循的法则是什么，将在以下篇加以考察。这些法则决定着所谓的商品相对价值或交换价值。

应当注意，价值一词有不同的含义：有时表示特定物品的效用，有时又表示占有某物品而获得的对其他货物的购买力。前者可叫作“使用价值”，后者可叫作“交换价值”。

为了探讨支配商品交换价值的原则，我将阐明以下三点：

第一，什么是商品的真实价格。

第二，组成真实价格的不同部分是什么。

第三，为什么市场价格有时偏离真实价格。

第五章 论商品的真实价格与名义价格

一个人是穷还是富，要看他能在多大程度上享受生活的必需品、便利品和娱乐品。但自从劳动分工完全确立以后，是穷是富，就要看他能够支配多少劳动。换句话说，要看他能够购买多少劳动。任何商品的价值，等于该商品使他能购买或支配的劳动量。因此，劳动是衡量一切商品的交换价值的真实尺度。

任何一件商品的真实价格，是获得它所付出的辛苦和麻烦。用于交换的货币或物品，使我们能够节省自己的劳动，它们含有一定量的劳动的价值，我们用以交换其他当时被假定含有同量劳动价值的物品。世界上的一切财富，原本都是用劳动而不是用金银购买的。所以，对于占有财富并愿用以交换一些新产品的人来说，它的价值，恰恰等于它使他们能够购买或支配的劳动量。

财产为人们直接提供的权力，是购买力，是一种对于各种劳动，或当时市场上各种劳动产品的支配权。一种物品的交换价格，必定恰恰等于该物品为其拥有者所提供的劳动支配权的大小。

劳动虽是一切商品交换价值的真实尺度，但一切商品的价值，通常不是按劳动去衡量的。两个不同的劳动量的比例，往往很难确定。

两种不同工作所花费的时间，工作时所忍受的不同程度的艰苦，它们的不同困难程度和精巧程度，很难精确地去衡量。而且，一种具体商品的数量所代表的东西，比一定量的劳动所代表的东西更容易使人理解。因为，前者是一个看得见，摸得着的物体，后者却是一个抽象的概念。

但是，在物物交换停止进行，货币成为商业的普通媒介的时候，商品就更频繁地与货币交换，而不是与其他的商品交换。屠户先把肉拿到市场去换取货币，然后再用货币交换面包或啤酒。我们说他的肉一磅值 3 便士或 4 便士，而不是说值面包 3 磅或 4 磅，或值啤酒 3 夸脱或 4 夸脱。

然而像其他商品一样，金银的价值是变动的，有时容易买到，有时难以买到。一定数量的金银所能支配的劳动量或交换的商品量，往往取决于当时已知的矿藏出产量的大小。16 世纪美洲发现了丰富的金银矿藏，这使欧洲金银的价值几乎降为原来的1/3。因此，自身价值不断变动的商品，也决不能成为计量其他商品价值的精确尺度。但是，等量的劳动，无论在什么时候和什么地方，对于劳动者都有同等的价值，总是等于劳动者的牺牲。所以，本身价值不会变动的劳动是商品的真实价格，而货币只是商品的名义价格。

所以，这样看来，劳动也像商品一样，可以说有真实价格与名义价格之分。其真实价格，可以说是为得到劳动而付出的一定数量的生活必需品和便利品。所谓名义价格，就是为得到劳动而付出的一定数量的货币。劳动者的报酬是坏是好，不与其劳动的名义价格成比例，而是与其劳动的真实价格成比例。

商品和劳动的真实价格与名义价格的区分，不仅仅在理论上，更在实践上具有重要的作用。同一真实价格的价值，往往相等；但同一名义价格的价值，却往往因金银价值变动而相差甚远。所以，假设要售卖地产，并让地租的价值永久不变，就不能把地租定为一定数额的货币。用谷物规定的地租比用货币规定的地租更能保持地租的价值。

君王和国家往往认为，减少铸币内所含的纯金属的量可得到暂时的利益。但这种变动又往往降低了货币地租的价值。同时，美洲矿藏的发现降低了欧洲金银的价值。因此，自 1586 年以来，英格兰用货币规定的地租几乎降到了原价值的 1/4，不超过原来所值谷物的 1/4。同样，苏格兰和法国的地租，虽然原来具有很高的价值，现在几乎化为乌有了。

所以，谷物地租比货币地租更为稳定，它只受一定数量谷物所能购买的劳动量的变动的影响。但以其他任何商品规定的地租，同时还要受一定数量的该商品所能购买的谷物量变动的影响。

但是要注意一点：谷物地租真实价值的变动，从一个世纪到另一个世纪来说，虽比货币地租真实价值的变动少得多，但每年的变动却很大。谷物的平均价格或普通价格，要受银价的支配，又要受银矿出产供应量大小的支配，还要受运输白银到市场所必须使用的劳动量因而所必须消费的谷物量的支配。

由此可见，劳动才是价值的唯一普遍尺度和精确尺度。无论就一世纪一世纪来说，或就一年一年来说，我们都可准确地用劳动的数量来衡量一种商品的真实价值。但是，真实价格与名义价格的区分，对订定永久地租或缔结长期租约虽然有用，但在日常生活中的普通交易中，有货币就够用了。

在同一时间和同一地点，所有商品的真实价格与名义价格都成正比。所以，在同一时间和同一地点，货币是一切商品的真实交换价值的准确尺度。但只在同一时间和同一地方才是如此。唯一要考虑的，是不同地点之间的交易。在中国广州，半盎司白银可支配的劳动量或生活必需品和便利品，比在伦敦一盎司白银可支配的或许还要大。所以，如果一个伦敦商人能在广州以半盎司白银购入一种商品，后来能在伦敦以一盎司的价格卖出，他通过这笔买卖就能获得百分之百的利润。因此，由于商品的名义价格或货币价格最终决定一切交易行为的适当与否，从而支配日常生活中几乎所有涉及价格的交易，所以，人们大都看重名义价格而非真实价格，是不足为奇的。

随着产业的进步，商业国同时使用几种金属铸币：大额支付用金币；不大不小的交易用银币；更小宗的买卖用铜币或其他粗金属铸币。在这三种金属中，他们往往选定一种作为本位①，而他们所选择的，似乎都是最先用作商业媒介的金属。据说罗马人在铸造银币之前只有铜币，铜似乎一直是罗马共和国的价值尺度。在英格兰，而且在近代欧洲各国，一切价值都用银计算。要表示一个人的财产数量时，我们不说它值多少基尼②，而说它值多少英镑③。

各国法定的支付货币，最初都只是被认为价值标准的那种本位金属。随着时间的推移，人们逐渐习惯于同时使用几种铸币。各种铸币之间的价值比例由法律规定，均为法定货币。在法定比例继续有效期间，本位金属与非本位金属的区别，就只不过是名义上的区别了。

在不同金属铸币的不同价值中，任何一种法定比例只要保持不

① 本位：standard，即标准。
② 基尼：guinea，旧时英国金币，价值21先令
③ 英镑：pound sterling，银币，价值20先令。

变，最昂贵的那种金属的价值，实际上便支配所有铸币的价值。在英国最近一次的金币改革以前，金币一般很少落到标准重量以下，可是磨损的银币 21 先令仍然被视为等值于略有磨损的金币 1 基尼。最近，政府已采取措施使金币也像别的国家那样尽量接近于其标准重量，而且各政府机关只按重量收受金币。在这命令继续有效执行的期间，可保持金币的标准重量，银币仍如金币改革以前那样处于磨损状态。可是在市场上，磨损了的银币 21 先令，仍被认为值优良的金币 1 基尼。

这样，金币的改革显然提高了能和金币兑换的银币的价值。金币改革以前，标准金块的价格总是或多或少高于造币厂价格。改革之后，这一市场价格经常在造币厂价格之下，这不仅提高了金币的价值，也提高了银币与金块的相比价值，或许同时还提高了银币与其他商品的相比价值。

就英格兰铸币不同金属的比价来说，铜的评价远远超过它的真实价值，而银的评价略低于其真实价值。然而在英格兰，铜块的价格并没有因为铸币中铜的评价高而提高；同样，银块价格也没有因铸币中银的评价过低而下落，银块仍保持着它同黄金的适当比例。

在威廉三世（William Ⅲ）银币改革以后，银块价格仍然略高于造币厂价格。假如银币能够像金币那样，接近它的标准重量，那么 1 基尼所能兑换的银币就多于它所能兑换的银块。银币如果含有十足的标准重量的话，这时熔化银币就有利可图了：先把银币熔成银块以换取金币，然后以金币兑换银币，再将银币熔化。而要防止此种弊端，似乎只有靠调整金银比价。具体做法是，使白银在铸币中的评价高于它同黄金的适当比例，同时规定银币除了可以兑换基尼外不得充当法币。这种规定下，对于白银估值高的评价绝不会使任何债权人吃亏，吃亏的只有银行家们。以往当银行发生挤兑时，他们往往以最小的6便士银币支付，以此拖延时间。这种规定的实行，就使他们不能再用这种不守信用的方法来避免立即支付。结果他们将不得不经常在保险柜中存储更大数量的现金，这对他们当然很不利，但对债权人的利益却是很大的安全保障。

假如英国铸币中，白银能够按照对黄金的适当比例定价，那么不实行银币改革也能使银块价格降到造币厂价格之下；甚至磨损了的银币价值也会受其所能兑换的优良金币的价值的支配。

征收小额铸币税，或许会使铸币中金银的价值进一步高出同等数量的条块金银的价值。这时，铸造货币会按税额比例增加铸币金属的价值，铸币价值高于金银条块，这不仅可阻止将铸币熔化，还可以阻止铸币的出口。在外国，铸币只能按照条块的重量出售，而在国内却具有超过其条块重量的购买力。所以把输出的货币带回国是有利可图的。法国对铸币征收大约8%的铸币税，据说这样一来，法国的货币输出以后都会自动回到国内来。

金银条块的市场价格不时变动的原因，和其他所有商品价格不时变动的原因一样，是出于普通的商业上的原因。但是这种变动，竟能在好几年内稳定地持续地保持着略高于或略低于造币厂价格的状态。我们敢说，这是由于铸币本身的某种情况使得一定数量的铸币的价值在几年内高于或低于铸币中应含有的纯金量或纯银量。

任何一国的货币，在特定时间和特定地方，是否是准确的价值尺度，要看其通用的铸币是否准确地符合于它的标准。换句话说，要看所包含的纯金量或纯银量是否符合于它应当含有的数量。而恰好符合标准的度量衡不多见。所以商人们调整自己的商品价格时，总是尽量不按照应有的度量衡标准，而是按照凭一般经验觉得实际上是怎样来调整。同样在铸币中也有这样的混乱，商品价格也不是按铸币应当含有的纯金量或纯银量来调整，而是按商人凭经验觉察到的铸币实际含量来做调整。

应当指出，我所谓的商品货币价格，总是指他们出售所得到的纯金量或纯银量，与铸币名称丝毫无关。例如，爱德华一世时代的 6 先令 8 便士，我认为和今天 1 英镑的货币价格相同，因为它含有相同数量的纯银。

第六章　论商品价格的组成部分

在资本积累和土地私有出现以前，劳动量之间的比例，似乎是各种物品相互交换的唯一尺度。一般地说，两天或者两小时劳动的产物的价值通常应是一天或者一小时劳动的产物的两倍。考虑到比较艰苦的劳动，和超出普通水平的熟练和技能，人们自然会给予其产品较高的价值。在进步社会，这种考虑一般都体现在劳动工资上。

在未开化社会状态下，全部劳动产品都属于劳动者自己。资本一旦在个别人手中积累起来，他们当然就会为了从劳动对原材料增加的价值上得到一种利润，把资本投在劳动者身上，为其提供原材料和生活资料。所以在这种情况下，劳动者对原材料增加的价值，就分为两个部分：一部分支付劳动者的工资，另一部分支付雇主的利润，来报酬他所垫付的全部资本；从而在商品的价值中，资本利润成为一个与劳动工资完全不同的组成部分，受完全不相同的原则的支配。

在这种情况下，全部劳动产品未必都属于劳动者，而必须与雇用他的资本所有者分享。用于取得或生产任何一种商品的劳动量，也不能单独决定这种商品一般所应交换的劳动量。

土地一旦成为私有财产，地主就都想不劳而获，甚至对土地的自然生产物，也要求地租。劳动者必须把他所生产或所采集的物品的一部分交给地主。这一部分，便构成土地的地租，于是成为大部分商品的价格的第三个组成部分。

必须指出，这三个组成部分，工资也好，地租和利润也好，其各自的真实价值，由各自所能购买或所能支配的劳动量来衡量。

无论在什么社会中，商品价格归根结底都分解为这三个部分的全部或其中之一。而在进步社会，这三部分均或多或少地成为绝大部分商品价格的组成部分。例如，谷物价格：一部分支付地主的地租；一部分支付劳动者的工资及牲畜的维持费；第三部分支付农场主的利润。亚麻价格同样可分为三个部分：亚麻的价格、洗纺织漂等工序中工人的工资，以及雇主的利润。

商品的制造工序越接近于完成，其价格中工资和利润部分的比例，和地租部分相比就越大。随着制造的进展，不仅各种利润的项目越来越多，而且后面每个阶段都比前一阶段带来更大利润。因为后者比前者花费更多的资本。然而，即使在最进步的社会，也有少数商品的价格只能分为劳动工资及利润两个部分，还有更少数的商品只有劳动工资一项。例如，苏格兰的某些地方，有少数穷人在海岸捡拾彩石为生。雕石匠付给他们的价格，只是他们的劳动工资，不包括地租，也不包括利润。

但是无论什么商品的全部价格，最后必须分解为这三个部分的全部或其中之一。因此，合起来看，构成一国劳动全部年产物的一切商品价格，也必然分成三个部分，作为劳动工资、资本利润和土地地租在该国不同居民间分配。工资、利润和地租是唯一的原始收入和交换价值来源，一切其他收入归根结底都是来自这三种收入中的某一种。

当这三种不同的收入属于不同的个人时，很容易区别；但属于同一个人时，就往往互相混淆。例如，耕种自己一部分土地的乡绅，他的地租和利润是混在一起的；很少雇用监工的普通农场主，他们通常所谓的利润，明明含有工资在内；一个独立工作的制造业者，他所获得的收益，一是以工人资格领取的工资，二是以老板资格出售工人产品所得的利润，但他统称其为利润。

在一个文明国家，交换价值单由劳动产生的商品极其少见，大部分商品的交换价值，都含有大量的利润和地租在内。所以，该社会劳动的年产物所能购买或支配的劳动量，远远超过这些年产物所需要的劳动量。每个国家，每年都有大部分社会产品被享乐阶级消费了，其年产物的平均价值是逐年增加还是减少，还是不增不减，要取决于这些年产物按照什么比例分配给不同阶级的人民。

第七章　论商品的自然价格和市场价格

在每一个社会或其邻近地区，工资、利润和地租都有一种普通率或平均率。这些普通率或平均率，可以称为当时当地通行的工资、利润和地租自然率。当一种商品价格不多不少恰恰等于生产、制造以及运送该商品到市场所使用的按自然率支付的工资、利润和地租时，该商品就可以说是按它的自然价格出售的，或者说，恰恰相当于出售该商品的人的实际成本。

商品通常出售的实际价格，叫作市场价格。市场价格有时高于它的自然价格，有时低于它的自然价格，有时和它的自然价格恰好相等，要受实际送至市场的商品数量与愿意支付商品自然价格的人的需求之间的比例调节。愿意支付商品的自然价格的人，可称为有效需求者，而他们的需求，可称为有效需求。

当实际送至市场的商品数量少于有效需求时，有效需求者就不能得到他们所需要的供给。于是他们当中有些人，宁愿支付更高的价格，于是竞争便产生了，而市场价格便或多或少地高出了自然价格。其程度的大小，要依商品的短缺程度及竞争激烈程度的大小而定。反之，如果商品数量超过了它的有效需求，该商品的市场价格，就或多或少地低于自然价格。而当市场上的商品数量与有效需求吻合时，市场价格便和自然价格完全相同，或大致相同。

每种商品的市场供应量会自行适应有效需求。因为，商品量不超过有效需求，对商品供应者有利；商品量少于有效需求则对其他的人有利。如果市场上的商品数量超过它的有效需求，其价格的某些组成部分必定会低于自然率。紧接着，地主便会撤回一部分土地，劳动者或雇主也会把劳动或资本撤回一部分。于是，市场上商品量不久就会恰好足够供应它的有效需求，价格中所有的组成部分就都升至各自的自然水平，整个价格又与自然价格一致。反之，如果商品数量不够供应有效需求，其价格的某些组成部分必定会高于自然率。地主自然会准备更多土地来生产，劳动者或商人也会马上使用更多的劳动或资本来制造商品送往市场。于是，市场上的商品量不久就能充分供应有效需求，而全部价格又与自然价格一致。

这样一来，自然价格可以说就是中心价格，所有商品价格都不断向它靠拢。每年的总劳动量，自然也按这个方式自行适应有效需求。其目的当然在于始终以适当商品量供应市场，使供给足够适应需求，而不超出需求。

但在有些行业中，相同数量的劳动在不同年份所生产的商品数量大不相同，而在其他行业，却往往相等，或非常接近。例如农业，同样多的劳动者所生产的谷物等商品量，不同年份就不尽相同；但相同数量的纺织工所生产的麻布和呢绒数量，却年年相同，或几乎相同。我们凭经验都知道，麻布和呢绒的价格，只随需求的变动而变动；而谷物的价格，不仅随需求的变动而变动，还随着上市的商品量的巨大而频繁的变动而变动。

商品市场价格的偶然和暂时的波动，主要影响价格中的工资和利润部分，而对地租部分影响不大。这种波动对工资或利润的价值和比率的影响，要看当时市场上积存的商品或劳动是过多还是不足，或看工作已完成还是未完成而定。在国丧时，黑布存货往往不足，以致市价攀升，因而商人的利润便增加了，但织布工人的工资却不受什么影响。

但是商品的市场价格，虽说有不断靠拢自然价格的趋势，但许多商品的市场价格能在相当长时期内远远超出其自然价格。这是由于当某一商品因有效需求增加而市场价格超出其自然价格的时候，商品的供应者都会小心翼翼地隐瞒这种变动情况以减少新竞争对手。他们有时能保守秘密数年而独享超额利润。不过，必须承认，这种秘密是不能长期保守的，秘密一经泄露，超额利润就无法独享了。

制造业中的秘密比商业中的秘密，能保守得长久些。给予个人或商业公司的垄断权，具有与商业或制造业中的秘密相同的作用。垄断者使市场供应经常不足，从而使有效需求永远不能得到充分供给。这样一来，他们就能以远远超出自然价格的市场价格出售他们的商品，而他们的报酬，无论是工资还是利润，都大大超出其自然率。垄断价格，在任何时候，都是所能得到的最高价格。反之，自然价格或自由竞争价格，却是长时期内可能接受的最低价格。同业工会的排他特权，学徒法规，及限制行业内竞争人数的各种法规，是一种扩大了的垄断，往往在多少世代里，使某些行业的劳动工资和资本利润略微超过其自然率。商品的市场价格虽能够长期居于其自然价格之上，却不能长期处于其自然价格之下。价格中不论哪个组成部分低于自然率，利益受到影响的人会立刻感觉到损失，会立刻撤回一部分土地、劳动或资本，使市场上的商品量很快足以供应有效需求。因此，市场价格不久便会回升到自然价格的水平，至少在有完全自由的地方情况会是这样。

自然价格本身，随着其组成部分即地租、工资和利润的自然率的变动而变动。无论在哪个社会，这种自然率都随着社会的贫富、进步或衰退而变动。以下四章内，我将竭尽所能，详细地说明这些变动的原因。

第八章　论劳动工资

劳动的产物构成劳动的自然报酬或自然工资。

在土地私有和资本积累以前，劳动的全部产物属于劳动者。这种状态如果继续下去，劳动工资将随着劳动生产力的提高而提高，而一切物品都会变得更加便宜。这种原始状态，到了土地私有和资本积累出现以后，就宣告结束了。土地一旦成为私有财产，地主的地租，便成为土地上的劳动产品中的第一个扣除项目，而农场主的利润成为第二个扣除项目。在一切手工业和制造业中，同样要扣除利润。一个独立工作的人，既是雇主又是工人，诚然可以同时得到资本利润与劳动工资，可是，这种情况并不多见，全欧洲20个工人当中只有一个。

普通所说的劳动工资，无论在哪里都取决于劳资双方所订的合同，而双方的利害关系绝对是对立的。雇主的人数较少，比较容易联合起来，同时劳动者的联合却受到法律和政府的禁止。因此，在一般的争议中，雇主往往占优势。据说，常常听说工人的联合，而雇主的联合却很少听到。然而真相是，雇主们随时随地都有一种心照不宣的团结一致的联合，使劳动工资不超过其实际工资率。工人们很少能从暴动中得到什么好处：部分由于政府的干涉，部分由于雇主能持久保持镇定；部分由于大多数劳动者为了目前的生计不得不屈服，往往只落得以工人领袖遭受惩罚或一败涂地而告终。

不过，尽管在争议中雇主常居于有利地位，但劳动工资有一定的标准，即使最低级的劳动者的普通工资，也不能降到这一定标准之下。这是因为需要靠劳动维持生活的人，其工资必须至少足够维持其生活。大多数情况下，工资甚至还得稍稍多一些，否则他就不能赡养家庭而传宗接代了。

可是，某些情况有时也使劳动者处于有利地位，并使他们能够得到大大超过工资比率的工资——当对工人的需求增加时。很明显，这只是符合一般人道标准的最低工资。对靠工资生活的工人的需求，必定随着预定用来支付工资的资金的增加而成比例地增加。这种资金有两种：第一，超过维持生活所需要的剩余收入；第二，超过雇主自己使用所需要的剩余资本。因此，对靠工资生活的工人的需求，自然会随着国民财富的增加而增加。国民财富不增加，对工人的需求决不会增加。

然而，使劳动工资增长的，不是现有国民财富的大小，而是不断增加的国民财富。因此最高的劳动工资不是出现在最富有的国家，而是在最兴旺发达、致富最快的国家。现在的英国的确比北美任何地区都富裕，然而北美的劳动工资却比英国任何地区都高。国家繁荣的最本质的标志，就是居民人数的增长。英国以及欧洲大多数国家的居民，在大约500年内，增长还不到一倍，但在北美英属各殖民地，在20年或25年内，就已经增加了一倍。

可是在停滞增长的国家，就不可能有极高的工资。预定用来支付工资的资金，也许数额很大，但该数额如果几百年保持不变，或几乎不变，那么每年所雇用的劳动者人数就很容易供应下一年所需的劳动者人数，这样雇主就不会为获得劳动者而提高工资。中国一向是世界上最富的国家之一，是土地最肥沃、耕作最精细、人民最多而且最勤劳的国家。然而它似乎早就进入停滞状态了。500 年前游历过该国的马可·波罗（Marco PoLo）[①] 的描述与今天的旅行家关于中国的报告几乎没有什么区别。也许早在马可·波罗时代以前，中国的财富就已经达到了该国法律制度所允许的发达程度。不过，中国虽然可能处于静止状态之中，但似乎还未走向衰退。那里没有被居民遗弃的城市也没有任其荒芜的耕地。每年被雇用的劳动，仍然几乎不变。因此，预定用来维持劳动的资金也没有明显地减少。因此，就连最底层的劳动者，尽管生活资料十分匮乏，也还能勉强维持下去，保持着原有的人数。

但是在一个经济衰退的国家里情况就截然不同了。劳动工资降低到最悲惨最贫困的地步，许多人找不到职业，饥饿和死亡等灾祸落到最底层的劳动者身上，然后波及所有上层阶级。这也许就是东印度的孟加拉及其他一些英属殖民地的现状。英国保护和统治北美的政策和压迫与压制东印度的商业公司的本质区别，通过这两地的不同情况来说明，也许是再好不过的了。

所以，优厚的劳动报酬是国民财富增长的必然结果，同时又是国民财富增长的自然征兆。反之，劳动贫民生活资料不足是社会停滞不前的征兆，而劳动者处于饥饿状态，则是社会迅速退步的征兆。

现在不列颠的劳动工资，显然超过了维持劳动者一家生活所需的

---

① 马可·波罗于 1275 年到过中国。

数额，也超过了符合人道标准的最低工资比率。原因在于：第一，大不列颠差不多所有的地方，夏季工资与冬季工资有所区别。夏季工资总是最高的，但冬季家庭生活费在一年中却是最大的。生活费最低时，工资反而最高，这就表明，劳动工资不受最低生活所需要的开支的支配，而受工作的数量及其认定价值的支配；第二，大不列颠的劳动工资，并不随食品价格的变动而变动。食品价格年年都有动，但许多地方的劳动的货币价格，有时经过半个世纪仍旧保持不变。因此，如果劳动贫民在食品最昂贵的年份能够维持家庭的话，那么在食品价格较低而供给又很充足的年份，他们就能过舒适的生活；第三，就不同年度说，食品价格的变动大于劳动工资的变动，而就不同地方说，劳动工资的变动，却大于食品价格的变动。面包和肉类的价格，在大不列颠的所有地区几乎相同，大城市甚至更便宜些。但大城市的劳动工资，往往比几英里以外的地方高出1/5或1/4。因此，如果劳动贫民在劳动价格最低廉的地方能够维持家庭，那他们在工资最高的地方，就一定能过上优裕的生活；第四，劳动价格的变动，无论时间上还是地方上，不但不与食品价格的变动一致，反而往往相反。谷物的价格，苏格兰比英格兰高，可是，劳动价格，在苏格兰却比英格兰低。因此，劳动贫民在联合王国的一个地区即苏格兰，如果能维持其家庭，那么在联合王国的另一个地区即英格兰，就必能过富裕的生活。而且两地生活方式的差异，不是两地工资差别的原因，而是工资差别的结果，比如说。一个人富裕他的邻居穷，并不是因为他有马车而邻居步行，而是因为他富，才能拥有马车，邻居因为穷而不得不步行。

上个世纪英格兰、苏格兰两地谷物的价格比本世纪（十八世纪）

略高，但上世纪两地的劳动价格比本世纪低得多。因此，如果劳动贫民在上个世纪能够维持他的家庭，那么他现在必定能过着更加舒适的生活。但是，在上世纪和本世纪，苏格兰的谷物比英格兰贵，可是英格兰的劳动工资反而高于苏格兰。必须指出的是，任何地方的劳动价格，都不能确切地断定，因为同一地方同一种类的劳动，也往往按照劳动者的能力及雇主的慷慨与否，支付不同的价格。在工资没有法律规定的地方，我们要确定的只是最普通的工资。而且经验告诉我们，法律虽屡次企图规定工资，但实际上，却从未对其做出适当的规定。

同时，劳动的真实报酬，即劳动者得到的生活必需品和便利品的真实数量的增加，在比例上大于劳动货币价格的增加。除了谷物，其他生活必需品和便利品也比从前更加便宜。可是现在连劳动贫民也对以前感到满足的衣物、食品、居住条件抱怨起来，这使我们相信，不仅仅是劳动的货币价格，其真实价格也已经大大增加了。

下层人民生活状况的改善，是对社会有利呢，还是对社会不利？显然答案是肯定的。大部分社会成员陷于贫困悲惨境地的社会，决不能说是繁荣幸福的社会。贫困并不能阻止人们结婚，贫困似乎还有利于生育。一个苏格兰高地处于半饥饿状态的妇女，常常生育20多个子女，而上层社会的妇女，却往往不能生育，或只能生两三个。上层社会妇女中常见的不育症，在下等社会却极少发生。贫困虽不能阻止生育，但极不利于子女的抚养。听说苏格兰高地一个妇女生育20个子女而只活下来一个并不稀奇。各种动物的繁殖，自然和其生活资料的增长成比例。然而在文明社会，只有在底层人民中间，才因为生活资料不足而限制人类进一步繁殖。

如果劳动需求继续增加，劳动报酬必然鼓励劳动者结婚和生育，使他们能够不断增加人口以供应不断增加的劳动需求。要是劳动报酬不足以鼓励人口繁殖，劳动力的缺乏不久就会抬高劳动报酬。因此，像其他商品一样，对人口的需求也必然支配人口的生产。在世界各地，不论是北美、欧洲，或是中国，调节和决定人口繁殖状况的正是这一需求。而这一需求在北美，成为人口迅速增加的原因；在欧洲，成为人口缓慢增加的原因；在中国，则成为人口停止不变的原因。所以，丰厚的劳动报酬，既是财富增长的结果，又是人口增加的原因。或许应当指出，不是在社会已经达到极致富裕的时候，而是在社会处于进步状态并日益富裕的时候，大多数人民的生活最幸福、最安乐。停滞状态是索然无味的状态，而退步状态则是可悲的状态。

充足的劳动报酬，鼓励人口繁殖，因而鼓励人们勤劳工作。丰富的生活资料，增进劳动者的体力，而改善生活状况的美好愿望，使他们最大限度地努力工作。诚然，有些工人如果能在 4 天内挣够足以维持一星期的生活资料，他们将无所事事地度过其余 3 天，但大多数劳动者并不这样。反之，当工资计件付酬时，许多工人往往没几年就把身体和健康搞垮了。几乎各种技工，在特殊业务上，往往因操劳过度而生特殊疾病。大多数人在连续几天紧张的脑力或体力劳动之后，自然就会渴望休息和放松。这种欲望，除非受到暴力或某种强烈需求的抑制，是几乎压抑不住的，这是天性的要求。如果不满足这种要求，结果常常是很危险的，有时甚至是致命的，迟早会导致特殊的职业病。我相信，在各个行业，一个工作适度的人，不仅能长期保持健康，而且在一年中能完成比其他人更多的工作。

有人说，在物价低廉的年份，工人们一般比平常懒惰一些；在物价高昂的年份，则比较勤勉。由此得出的结论是：生活资料丰富了，工人们的工作就拖拉起来；生活资料不足时工人们的工作才紧张起来。这种观点是不妥的。说人们在吃得不好时比吃得好时更有干劲，在意志消沉时比兴高采烈时工作更好，在患病时比健康时工作更好，似乎是不大可能的。食品价格的低廉，增加了用来维持工人的资金，因而鼓励雇主雇用更多的工人，对佣工的需求增加了，劳动价格就在物价低廉时上升了。相反，在食品价格高昂的年份，劳动价格是常常下降的。因此，所有的雇主在物价高昂的年份，常常从工人身上得到更大的好处，发现工人会更加听话，更加依赖他们。所以，他们自然认为物价高昂的年份对他们的事业更为有利。

麦桑斯（Messance）是一位博学多才的法国作家，他比较过三种产品——粗毛织品、麻织品与丝织品——在物价低和物价高时的产量及价值。根据他由官署登记簿抄来的报告，这三种产品在物价低时的产量及价值，一般都比物价高时大；物价最低的年度，产量与价值最大，而物价最高的年度往往最小。这三种制造品似乎都处于生产停滞状态。而苏格兰的麻织品，和约克郡西区的粗毛织品，都是正在发展的制造品。根据已经公布的年度报告，我没有发现它们年产量的变化与物价高低有什么明显的关系。产品销往外地的一切大制造业的生产量，在更大程度上取决于消费国影响需求的各种情况：和平或战争、其他竞争性制造业的兴衰、消费者是高兴买还是不高兴买。此外，在物价低廉年份完成的大部分工作，如男佣工成为独立劳动者，妇女回到父母家中从事纺织，为自己及家庭做衣服，独立工受雇于邻居制造家庭用品，常常没有登记在公开记录中。

虽然劳动价格的变动不一定都与食品价格的变动一致，而且往往相反，但不能因此就认为食品价格对于劳动价格没有影响。劳动的货币价格，必然受两种情况的支配：一，对劳动的需求；二，生活必需品和便利品的价格。对劳动的需求，按照其增加、减少或不增不减，即按照它所需要的是增加着的人口、减少着的人口或是不增不减的人口，而决定供应给劳动者的生活必需品和便利品的数量；而劳动的货币价格就是由购买此数量所需要的金额来决定。所以，在食品价格低廉的时候，虽然劳动的货币价格有时很高，但在食品价格昂贵而劳动需求不变的时候，劳动的货币价格却更高。食品涨价，会提高劳动的价格，而物价昂贵年份的供应不足，由于减少了劳动需求，因而会降低劳动的价格。反之，食品跌价，会降低劳动的价格，而物价低廉年份丰富的供应，由于增加了劳动需求，因而会抬高劳动的价格。在食品价格正常变动的情况下，两种对立的原因，似乎会互相抵消。这也许就是为什么劳动工资总是比食物价格更稳定、更持久的原因。

劳动工资的增长，必然按照价格中工资部分增长的比例，抬高许多商品的价格，从而减少这些商品在国内外的消费。但是，使劳动工资增加的同一原因，即资本的增加，却会提高劳动生产率，使较少的劳动能够生产较多的产品，从而劳动量的减少就抵消了劳动价格的增长。

第九章　论资本利润

资本利润的增减，与劳动工资的增减一样，取决于社会财富的增减。资本利润极易变动，即使专营某个行业的人自己也说不出他每年的平均利润是多少。其利润，不但要受所经营的商品价格的变动的影响，而且要受竞争者和顾客运气的好坏、商品在运输上或储存上可能遭遇的许多意外事故的影响。而要确定一个大国所有行业的平均利润，就更加困难了。

不过，我们可以从货币的利息上了解个大概。我们可以肯定的是，一个国家资本的平均利润，必定随着其市场的平均利息率的变动而变动。利息率下降，利润一定随着下降；利息率上升，利润一定随着上升。利息率在我国逐年呈下降趋势，自亨利八世时代以来，财富与收入都在不断增加，同时劳动工资一直在不断增加，而大部分工商业的资本利润却在减少。

大城市的劳动工资，一般都比农村高。在繁荣发达的城市，拥有大量生产资本的人，往往雇不到所需要的工人数，所以互相竞争，从而就抬高了劳动工资，降低了资本利润。在资本不足的偏远地区，是工人为谋生而相互竞争，于是劳动工资下降，而资本利润增长。苏格兰的法定利息率虽然与英格兰相同，但市场利息率却比英格兰高。现在法国也许没有英国富裕，法国的法定利息率一般比英国低，而市场利息率却比英国高。据在两国经商的生意人称，法国的商业利润比英国高。正是由于这个原因，许多英国人不愿把资本投在重视商业的本国，而愿投在轻商的法国。法国的工资比英国低。反之，就领土面积和人口比例而言，荷兰比英格兰要富裕。据说，荷兰的工资比英格兰高。而众所周知，荷兰人比欧洲其他任何国家做生意的利润都低。当利润减少时，商人们往往抱怨说商业衰退了；可是利润减少恰恰是商业繁盛的自然结果，或者说是资本投入比以前更多的自然结果。在北美及西印度殖民地，不仅劳动工资，而且货币利息以及资本利润都比英国高。在新殖民地，人们只把资本投在最肥沃和位置最佳的土地上，即投在海滨和通航河流沿岸各地。另外，购买这土地的价格往往低于其自然产物的价值。购买并改良土地而投入的资本，必然带来巨大的利润，因而使他们能够支付高额利息。这种高利润用途使资本迅速积累，并使种植园主迅速增加雇用的工人数，这样，他们能付给新劳动者极其优厚的报酬。但是，随着殖民地的扩大，资本利润就逐渐减少，市场利息率也因此大大降低。

新领土的获得或新行业的开发，即使在一个财富迅速增加的国家，也会提高资本利润，从而提高货币利息。但是，社会资本即维持生产的资金的减少，会使劳动工资降低，因而使资本利润以及货币利息提高。由于劳动工资降低了，社会剩余资本的所有者把货品送入市场所需的费用就比以前少了；由于他们所用的资本比以前少了，他们就能够以更高的价格出售货物。成本降低了，他们的利润从两方面都增加，因此能够支付很高的利息。一个国家的财富，如果已经达到最高限度，就没有再向前发展的可能了，但也尚未退步。在这种状态下，它的劳动工资及资本利润也许都非常低。然而，也许还从来没有一个国家的财富达到这种程度。中国似乎长期处于停滞状态，但该国土壤、气候和位置所允许的限度，可能比上述限度大得多。中国的平均利息率，据说是12%，而资本的平均利润，一定足够支付这样高的利息。

法律如果不强制人们执行合同，那就使所有的借款人处于与破产者或信用不好的人差不多的地位。出借人没有收回借款的把握，就会索要通常向破产者收取的高额利息。利息率达到那么高，恐怕这也是一部分原因。要是法规完全禁止利息，那也不能真正阻止利息的收取。孟德斯鸠曾说，一切回教国家利息率之所以高，并不仅仅因为贫穷，而是部分因为法律禁止利息，部分因为贷款难以收回。

最低的利润率，除了足够补偿可能遇到的意外损失以外，还要有剩余。只有这一剩余才是纯利润或净利润。所谓的毛利润，除了包含这种剩余以外，还包含为补偿意外损失而保留的部分。借款人能够支付的利息，只与纯利润成比例。

在一个已极度富裕，用在各种行业上的资本都已达到最大限度的国家，由于普通纯利润率很低，除了财大气粗的人以外，任何人都不能靠货币利息生活。因此，几乎一切人都得成为商人，都有从事某种产业的必要。荷兰的现状，与此极为相似。在那里，不是商人就不能算是时髦。

最高的平均利润率，在大部分商品价格中，可能会占去全部地租，只剩下足够支付商品生产及上市所需劳动的最低工资，即仅足维持劳动者生存的工资。通常市场利息率对平均纯利润率保持的比例，必然随着利润的升降而变动。在财富迅速增加的国家，许多商品的价格上，低利润率足以弥补高工资，这样它们的商品，就能与繁荣程度较低而劳动工资较低的国家的商品一样，以低廉的价格出售。

实际上，高利润抬高产品价格的倾向，比高工资更大。例如，梳麻工的工资，如果每人每天提高 2 便士，那么 1 匹麻布所必须提高的价格，只等于生产这 1 匹麻布所雇的人数，乘以他们的工作日数，再乘以 2 便士。商品价格中归于工资的那一部分，只按算术级数依次提高。但如果雇用这些工人的雇主的利润抬高 5%，接下来纺麻工和织麻工的雇主在出售半成品时，也分别要求在所垫付的麻价和工资之外，另外加上 5%，那么，商品价格中归于利润的那一部分，就按几何级数依次增加。所以，工资提高对抬高商品价格的作用，等于单利对债务累积的作用；而利润提高的作用，等于复利的作用。

第十章　论工资与利润随劳动与资本用途不同而不同

劳动和资本有着不同的用途。总的说来，在同一地方，其利害是不断趋于相等的。每个人出于各种利害关系的考虑，必然会去寻求有利的用途，避开不利的用途。

诚然，欧洲各地的货币工资及货币利润，都随劳动和资本用途的不同而大大不同。工资和利润的实际不同，一部分是由于互相抵消，一部分是由于缺少政策上完全的自由。

第一节　职业本身性质导致的不同

就我所能观察到的，有下列五种主要情况，一方面对某些职业的货币收益微小给予补偿，另一方面又对另一些职业的丰厚收益加以抵消：

第一，劳动工资因工作的难易程度、清洁与否、光荣还是卑贱而不相同。例如，大多数地方，缝工的所得比织工少，因为缝工的工作较为容易。织工的所得比铁匠少，因为织工的工作清洁得多。屠户的职业既残忍又讨厌，但在许多地方，他们比其他普通职业更有利可图。刽子手的报酬，根据其工作量的比例来说，比任何普通职业都多。

不愉快和不体面对资本利润的影响，与它们对劳动工资的影响相同。小旅馆或小酒馆的老板绝不是自己店铺的真正主人，碰到蛮不讲理的醉汉，他们只好忍气吞声，这些是不愉快和不体面的职业。但是很少有普通行业中像这样以小额资本赢得大额利润的。

第二，劳动工资，因业务学习有难易、学费有高低而不相同。设置昂贵的机器时，必然期望机器在损坏以前，所完成的特殊作业可以收回所投入的资本。工人要花费许多工夫和时间去学习特殊技巧和接受培训，在其从事工作的时候，必然期望除获得普通劳动工资外，还可收回全部学习支出，并至少取得普通利润。技术工的劳动工资和普通劳动工资之间的差异，就是基于这个原则。

欧洲各国都把机械师、技工和制造业者的劳动看作技术劳动，而把一切农村劳动者的劳动看作普通劳动。欧洲的法律和习俗，是为了使某人有从事技术劳动的资格，都必须先做学徒，但严格程度各地不同。在做学徒期间，学徒的全部劳动都归师傅所有。根据习惯，学徒还得给师傅一笔钱作为学费。拿不出钱的学徒就要做够更长的年限。反之，在农村劳动中，劳动者往往在从事简易的雇佣工作的时候学会了比较复杂的工作，在受雇期间，都能靠自己劳动维持生活。因此，欧洲各国的机械师、技工和制造业者的工资，要稍稍高于农村劳动者的工资，这是合理的。画家和雕刻家，律师和医生等自由职业者的货币报酬当然更加丰厚，因为他们的受教育时间更长，费用更高。但资本利润，却很少受行业学习难易的影响。

第三，劳动工资因职业的安定与否而不相同。一个技工，只要能够工作，一年中几乎每天都能够有工作可做。而泥水匠或砖匠在严寒或恶劣天气时就没有工作了。所以他们的所得，要足够维持他们在闲散时期的生活。事实上大部分技工的工资所得，算起来和普通劳动者的日工资十分接近，但泥水匠和砖匠的工资却比其高出一倍半乃至两倍。这类工人的高工资，与其说是对其技能的报酬，倒不如说是对他们工作不安定的补偿。

如果工作除了不安定外，还加上艰苦、不愉快和不清洁，那么即使是最普通的劳动，有时其工资也上升到超过最熟练的技工的工资。在纽卡斯尔，按件计酬的煤矿工，一般可得到大约两倍于普通劳动的工资。在苏格兰许多地方，甚至可得到约三倍的工资。他们得到高工资，全是由于他们工作得艰苦、不愉快和不清洁。由于运煤船的到来难免不定期，伦敦大部分运煤工的工作，必定是很不固定的。因此他们有时能得到四倍或五倍于普通劳动的工资。而资本的普通利润，都不可能受资本使用的固定或不固定的影响。

第四，劳动的工资，因劳动者所负担的责任大小而不相同。金匠和珠宝匠的工资，比许多其他劳动者都高，这是因为托付给他们的材料十分贵重。我们把身体的健康委托给医生，把财产，甚至生命和名誉委托给律师，这样重大的责任决不能随随便便委托给平庸低微的人，他们得到的报酬必须使他们能够保持与这重大责任相称的社会地位。他们必须保持的社会地位，和他们受的长期教育与花的巨额费用，必然使他们的劳动价格更加提高。但不同行业中不同的利润率，不可能受责任大小的影响。

第五，各种职业的劳动工资，因成功可能性的大小而不相同。大部分机械操作职业，成功几乎都是有把握的，但就自由职业而言，就无法肯定了。例如，鞋匠的学徒无疑能学会制鞋的技术，但如果学习法律、精通法律并能以此为生的成功率最多是1/20。一个将近四十岁才能从职业中取得一些收益的律师，应得的报酬不仅要足以补偿他为受教育所花的大量的时间和费用，而且要足以补偿那20多个失败了的人的教育时间与费用。尽管律师所收的费用有时高得惊人，但他们的真正报酬从来没有达到这个标准。尽管如此，各路精英还是争先恐后地入主这个行业，这是由于有两个吸引他们的原因：第一，成名的渴望；第二，对于自己的才能和幸运天生的自信心。

伴随着天才或卓越才干而来的公众赞赏常常是这种才能的报酬的一部分。这部分报酬是大是小，要看赞赏的程度大小。对医生来说，这占去其全部报酬的大部分；对律师来说，所占的比重更大；而对诗人和哲学家而言，几乎是报酬的全部。有些优美的才能，虽然能博得某种赞赏，但如果被利用来进行谋利，出于偏见就会被认为是出卖色相。因此，演员、歌唱家、舞蹈家等人所享受的高额报酬，是出于这两个原则：第一，才能难得而美妙；第二，运用这种才能而蒙受的名誉上的损失。而公众对于这些职业的看法或偏见一旦改变，他们的报酬很快就会减少。大多数人对于自己的才能总是过于自负，这种人类的通病由来已久，为历代哲学家和道德家所谈论。对于如愿以偿的机会，每一个人都或多或少地做了过高的评价，而对于失望的可能性，大多数身体健康精力旺盛的人则做了过低的评价。从购买彩票的人都认为可能中奖这一事实可以看出，人们很自然地把得利的机会估得过高了。完全公平的彩票，即全部所得足以抵偿全部损失的彩票，从来没有过，以后也永远不会有。因为要是这样，发行彩票的人就无利可图了。但是，你买的彩票越多，你就越有可能希望落空损失金钱，这是数学上再明确不过的规则了。

我们从保险业者的微薄利润可以看出，人们把损失的机会估计得过低，很少估计得高于其价值的。要进行火灾保险或海上保险，所收的保险费必须足以补偿普通的损失、支付经营的费用，并提供资本用于其他经营所能取得的利润。然而投保人很明显只支付危险的真实价值，即只支付他所期望的最低保险价格。很少有人借经营保险生意发大财的。全英国的房屋，20 户中就有 19 户不保火险。可是大多数情况下，不投保并不是出于精密的计算，完全是由于轻率地轻视危险。轻视危险和奢望成功的心理，在青年人身上最为活跃。这从普通青年欣然报名参军或出海的现象上可以看得更加明白。普通士兵可能蒙受的损失是什么，这不言而喻。然而，青年志愿者们全然不顾危险，在新战争开始时踊跃地报名。升迁的机会近乎渺茫，但他们不乏功成名就的幻想，而事实上根本就没有这种机会。这些渺茫的希望，就是他们流血的全部代价。他们的报酬比普通劳动者低，而他们比普通劳动者却辛苦得多。冒险生活和九死一生的危险，并没有使青年人望而却步，反而更加吸引他们去选择这类职业。将来可能发生的危险，并不是不愉快的，因为我们可期望凭着自己的勇敢与机智来战胜危险，因此这不会提高这类职业的劳动工资。至于勇敢与机智派不上用场的职业就不一样了，又脏又累的职业劳动工资总是特别优厚的。

在各种资本用途中，普通利润率或多或少地随收益的确定与否而不同，要随着风险程度而或多或少上升，但上升的程度和风险的程度似乎并不成比例。换句话说，上升的利润不一定能完全补偿风险。在最危险的行业中，破产是最常见的现象。因此，使劳动工资千差万别的五种情况，只有两种影响到资本利润，那就是工作愉快还是不愉快，安全还是危险。同时，各种资本用途的平均或普通利润率，比各种劳动的货币工资更接近于同一个水平。普通劳动者的收益和生意兴隆的律师与医生的收益之间的差距，明显地比任何两种不同行业的普通利润的差距大得多。况且，不同行业的利润在表面上的差异往往是种错觉，因为我们未必总是把应该算作工资和应当算作利润的区别开来。例如药剂师的利润。这种表面上巨大的利润，往往不过是合理的劳动工资。药剂师的技能比其他一切技工都精巧细致得多，而他所受承担的责任也重大得多。他的表面利润的大部分，其实是披着利润外衣的真实工资。再比如说，一个小杂货商仅仅靠 100 镑的资本就能赚到 40% 或 50% 的利润，而同一个地方的大批发商，用 10000 镑资本却很少能够获得 8% 或 10% 的利润。可是小杂货商除了具有小额资本外，还要能读、能写、能算，又能相当准确地判断五六十种商品的价格与品质，并能以最低的价格购买这些商品的市场。总之，他必须具备大商人所需具备的一切知识。具有这样才能的人，赚三四十镑作为劳动的报酬决不过分。其表面利润的大部分，也无外乎是真实工资。

虽然零售商和批发商的资本利润，在城市一般比在小镇和农村小，但以小本经营起家而发大财的人在城市很常见，而在小镇和农村却寥寥无几。在小镇和农村，由于市场狭隘，个别商人的利润率即使很高，利润的总额却不大，因而他每年的积累也就很有限。反之，大城市的生意能够随着资本的增加而扩大。商人的利润总额随着其生意的扩张而增加，他每年所积累的资金也随利润总额的增加而提高。但是，在大城市，发大财的不是那些正规的、确定的和为人所周知的行业，而主要是勤勤恳恳、精打细算和经营专一的行业。诚然，大城市中往往有投机致富的，但是大胆的冒险者，有时也许由于两三次投机的成功而大发横财，有时也许由于两三次投机的失败倾家荡产。这种生意只有在大城市才能做，因为经营这种生意所需要的信息，只有在商务最频繁和通信最广泛的地方才会有。

上述五种情况，虽然在劳动工资与资本利润上造成了很大程度的不平等，但在劳动和资本的不同用途上，总体的利害是均等的。这些情况的性质是，使一些用途小的金钱得利得到补偿，并使另一些用途大的金钱得利有所抵消。为此，有三个条件是必须具备的：

第一，只有在当地众所周知而且确立已久的用途，才会有这样的均等。新行业的工资大都高于旧行业。其需要完全由于时尚和一时的爱好而产生的制造品，是处于不断变动之中，很少能持久的，直到其变为常见的老产品。反之，另一些制造品，其需要主要由于有用与必要性而产生，可历经几百年还为人所需要。所以，前一类制造业比后一类制造工资可能较高。伯明翰的制造品多半属于前一类；设菲尔德的制造品多半属于后一类。据说，这两个不同地方的劳动工资，很适合它们这样不同性质的制造品。建立新的制造业、商业或农业经营，总是一种投机，期望由此获得特别的利润。这种利润变动极大，当新的经营确立而众所周知的时候，竞争就使其利润降到和其他行业相同的水平。

第二，只在劳动和资本的不同用途处在普通状态，即自然状态，这些用途的所有利害才会趋于均等。因为对各种劳动的需求，有时较大，有时却较小，几乎随时变动。对农村劳动的需求，在锄草和收获季节比一年中其他季节都大，其工资也随着需求的增加而提高。然而在日趋衰落的制造业，情形正相反，许多劳动者不愿舍弃老行业而宁愿接受较低的工资。

资本的利润，随用它来生产的商品的价格变动而变动。前面说过，有些行业中，相同数量的劳动，总会生产出相同数量或几乎相同数量的商品，例如麻织业。这类商品的市场价格变动，只能由于需求的偶然变动。但有些行业，使用同量劳动，并不总是生产出同量的商品。例如，谷物、葡萄酒、烟草等，相同数量的劳动每年生产的数量就很不相同。所以，此类商品的价格，不仅随需求的变动而变动，而且随更大和更频繁的数量方面的变动而变动，因而这类商品价格的变动是极其大的。但是，经营这类商品的商人的利润，必然随商品价格的变动而变动。投机商人，一般在这类商品上做文章。他们预见到此种商品将要涨价时立即买入；看到此种商品将要跌价时就立即卖出。

第三，劳动和资本的不同用途的所有利害，只有在这些用途成为使用者的唯一或主要职业的场合，才会有这样的均等。当某一个人依靠某一种职业为生，而这种职业并不占他的大部分时间时，他往往就愿意在闲暇时间从事另一种职业，并收取低于按照工作性质所应当有的工资。如苏格兰的佃农，他们是地主和农场主的外佣工，他们都愿意在闲暇时间为任何人工作，只收取极小的报酬。在土地没有合理耕种而人口稀少的国家，大部分地主和农场主无力供养需要的人手，要不是这种办法，那么在农忙季节，就一筹莫展了。这种劳动者所得到的日报酬或周报酬，显然不是他们劳动的全部价格。这类劳动的产物，往往以低于所应有的价格在市场出售。苏格兰许多地方编织的袜子，比任何地方用机器织成的袜子的价格低廉得多，就是因为编织袜子的劳动者都从其他职业获得了主要的生活资料。苏格兰亚麻线的纺织，像袜子的编织一样，也是由主要受雇于别的行业的工人来从事的。这些人企图靠这两种工作维持他们的全部生活费用，但他们赚到的生活资料极其微薄。在苏格兰，一星期能赚得20先令的妇女，就算是很有本事的纺工了。

第二节　由欧洲政策导致的不均等

由于欧洲政策阻止事物完全自由的发展，便产生了比上述更重要的其他不均等，主要是通过三种方式：

第一，通过限制某些行业的竞争人数，使想要加入这种行业的人不能加入，从而使劳动和资本用途的整体利害有了非常大的不均等。用来达到这个目的的主要手段，是同业工会的排外特权。有工会组织的行业的排外特权，势必在其所在的城市中，只允许那些享有经营此行业自由的人相互竞争。学徒人数的规定，是直接的限制方法，漫长的学徒年限的规定，是间接的限制竞争的方法，而由于增加了学习费用，同样有效果。在英格兰及英属各殖民地，一个帽匠师傅不许同时有两个以上的学徒，违者每月罚款5镑，一半归国王，一半归向法庭举报的人。

伊丽莎白五年所颁布的学徒年限法令规定，无论什么人，至少要做足7年学徒，否则不许从事任何手工艺或技艺。该法令使用的文字虽然极为概括，显然包括全国上下所有地区，但根据解释，其适用范围，仅限于城市。此外，其适用范围，只限于伊丽莎白五年以前英格兰境内已建立起来的行业，而没有延伸到以后新建立的行业。例如，按照裁定，制造马车的人，不许自已制造车轮，也不得自行雇人制造，必须向制造车轮的人购买。因为车轮制造业在伊丽莎白五年以前就在英格兰建立起来了。法国的学徒年限，不同城市不同行业，也彼此不同。在巴黎，虽然大多数行业要求的年限是5年，但一个人要想取得某种行业的师傅资格，至少还须再当5年的帮工。在苏格兰，没有关于规定学徒年限的普遍法律。不同的同业工会，年限规定也不相同。3年一般是普通的学徒年限，即使在一些需要非常精细技艺的行业也是如此。

每个人对自己劳动的所有权是一切其他所有权的主要基础，所以是最神圣的和不可侵犯的。一个穷人的世袭财产，就是他的力量与技艺。不让他以他认为正当的方式使用其体力与技巧，那显然是对这最神圣的财产的侵犯，而且还侵犯了有意雇用他的人的正当自由。一个人适合不适合被雇用，无疑应由有利害关系的雇主来决定。立法机关假惺惺地担心雇主会雇用不合适的劳动者，显然是种粗暴而苛刻的干涉。漫长的学徒年限，并不能保证市场上不常出现不合格产品。如果市场上出现了这种产品，一般来说不是无能的结果，而是欺诈的结果。漫长的学徒年限，也无益于培养年轻人的勤劳习惯。对低级的职业来说，劳动的乐趣完全在于劳动报酬的获得，谁能最早享受这种乐趣，谁就最早对劳动感兴趣。一个年轻人长时间不能从劳动中得到丝毫利益，自然就会厌恶劳动。

古代完全是没有学徒制度存在的。在所有近代法典中，师傅和学徒间的各种义务占了很长的篇幅。诚然，在普通行业中，要获得手的灵巧，必须有大量的实践和经验。但是，一个年轻人如果在一开始就以帮工的身份进行劳动，并按照工作量的多少给他支付工资，同时要他赔偿由于笨手笨脚和经验不足而损坏的材料，那他就会更加勤勉，更加细心，对他的教育也就更加有效。

设立同业工会及其规则，目的在于通过限制自由竞争防止价格下降，从而防止工资及利润的下降。古代欧洲的大多数地方，要设立同业工会只需要取得所在地的自治城市的许可。在英格兰，另外还需要取得国王颁发的特许状。自治城市的管理权，完全掌握在商人和工匠手中。他们中的各个阶级都想方设法去防止各自的产品在市场上存货过多，实际上就是使各自的产品在市场上经常保持存货不足状态。同一城市任何阶级之间的相互交易，都不会因这些规则而蒙受损失。但他们与农村交易时，他们都是巨大的受益者。所有城市都要从农村输入生活资料与工业原料，对这些资料与原料的主要支付方法有两种：第一，把一部分经过加工的原料送回农村；第二，把外国输入或国内遥远地方输入城市的产品的一部分送往农村。从两者所得到的，就是工人的工资和各种雇主的利润。所以，不论什么规定，只要会使工资和利润比以前有所增加，就会使城市能以较少的劳动量购买较多的农村劳动量的产品。城市对每年由农村输入的食品和原料所支付的实际价格，就是每年送往农村的制造品及其他物品的数量。输出品的卖价高一些，输入品的买价则低一些，城市产业就变得更为有利，而农村产业变得更为不利。这一点，很容易可以从欧洲各国看到：以小本经营城市的产业，即商业和制造业而发了大财的，与以小本经营农村的产业而发大财的人数比例，大约是100：1。所以，城市产业的报酬比农村产业优厚得多。城市的劳动工资和资本利润，也明显地比农村大。但是，资本与劳动，自然要寻求最有利的用途，它们自然要尽可能地向城市靠拢而离开农村。

城市居民聚集在一个地方，能够很容易地联合起来。而农村居民散居在相距很远的地方，则不容易联合起来。他们不但从来没有工会这样的组织，并且一向不具备同业工会精神。从来没有人认为，必须先当学徒才有资格从事农业。然而事实上，不仅一般农民的技术，并且农村中许多低级劳动所需要的技能与经验，比大部分机械行业所需要的多得多。一个普通庄稼汉，虽被看作是愚蠢无知的，不像城市的机械工人那么习惯于社会交际，但他的理解力，由于惯于考虑各种各样事物的变化一般比普通的机械工要强得多，因为后者的注意力通常整天只集中在一两种极简单的操作上。据说，中国和印度农村劳动者的地位与工资，都比大多数城市技工和制造工高。如果不是同业工会从中作梗，各个地方也许都会和中国、印度一样。

在欧洲各地，城市产业之所以比农村产业享有优越的地位，并不完全在于同业工会及工会法规的存在，许多其他规定也助长了这种优势。对外国制造品和外国商人输入的一切货物，征收很高的进口关税，也是为了这个目的。在英国，这种优越的程度，已经有所下降。与上世纪或本世纪初比较，现在的农村劳动工资，更接近于工业劳动工资，农业资本的利润，也更接近于工商业资本的利润。这种变化可以说是过分鼓励城市产业的必然结果，虽然是姗姗来迟的结果。

同一行业的人即使为了娱乐或消遣聚集在一起，他们的谈话也往往是阴谋对付公众或者策划抬高价格。诚然，想通过法律来阻止同业者这样的集会，是办不到的，但法律至少不应该使这种集会易于举行。如登记同业者名单，救济同业中的病人以及孤儿寡妇的捐款活动，或建立同业工会，都是在促进集会的举行。有人说，为更好地管理行业就必须有同业工会，这是毫无根据的。对工人的有效和真正的监督，不是来自他们所属的工会，而是来自他们的顾客。有了排外的工会组织，必然会削弱这种监督力量，某一批工人，不论好坏都得雇用。这样，欧洲的政策，由于限制某些行业的竞争，使从业人数少于愿加入者人数，就使劳动和资本的各种用途的所有利害有了非常大的不均等。

第二，欧洲的政策，增加了某些行业的竞争，使其超过了自然的人数，因而使劳动和资本的各种用途的所有利害有了另一种不相同的全然不同的不均等。一切基督教国家，大部分牧师的教育费是由公共团体或虔诚的个人捐助的基金提供的。那些自费受教育的人，所花的时间和昂贵费用以及所下的苦功，未必都能获得相应的报酬，因为教会中挤满了愿意接受比他们应得的报酬低得多的报酬的人。这样，富人应得的报酬，就被穷人的竞争夺去了。我们把牧师同一般行业的帮工比较，未免有失体统，但牧师的薪水与帮工的工资，确实可以正当地视为具有同样的性质。他们都按与其上司所订的合同获取各自的工作报酬。

教会某些下级成员的境况虽然很穷困，但大圣俸和其他的教会尊严却能保持教会的光荣地位。而且他们所受到的尊敬，也可以补偿他们金钱报酬上的低微。而没有俸禄的律师和医师等职业，如果也有那么多的人接受公费教育，那么竞争不久就会变得激烈起来，大大减少他们金钱上的报酬。这样一来，自费教育子女从事这些职业就不合算了。通常叫作文人的那些落魄的人，正处在上述假设所可能带来的境况中。他们的教育一般都是来自公费，而他们的人数到处都是那么多，使得他们劳动的价格通常极其低微。教师的遭遇也是如此。要做一个优秀的教师，所需要的时间与学习，天赋和勤勉，至少与一个知名律师或医生所需要的条件相同。然而，教师的普通报酬，却远远比不上律师和医师的报酬。因为前者的行业里，挤满了靠公费接受教育的穷人，而后两种行业，则由自费受教育的少数人占据着。在印刷术发明以前，学者和乞丐，几乎就是同义语。当时各个大学的校长们，甚至常给他们的学生发乞讨证。

在还没设置奖学金的古代社会，优秀教师的报酬，似乎比上述所说的要多得多。苏格拉底（Socrates）本人向每个学生收取10迈纳，即33镑6先令8便士。据说，他在雅典讲学时，有100个学生。那个时代，其他许多卓越的教师，都曾获得了大笔的财产。在普卢塔克（Plutarch）眼里，乔治阿斯（Gorgias）和当时其他两位著名的教师希皮阿斯（Hippias）及普罗塔哥拉（Protagoras）的生活方式，都很华丽，甚至说得上豪奢。柏拉图（Plato）自己的生活，据说也很阔绰。而亚历山大王子及其父亲菲力普，对王子的老师亚里士多德（Aristotle）的报酬的慷慨，是众所周知的。上述不均等，从整体看来，对于社会大众，也许是利多害少。公职教师的地位，虽有所降低，但教育费的低廉，的确是有好处的。如果欧洲大部分地方的学校和大学组织得比现在更加合理，那么公众由此得到的好处可能更大。

第三，欧洲的政策，妨碍劳动和资本由一行业移转到其他行业，由一个地方移转到其他地方的自由流动，从而使劳动和资本的不同用途的整体利害，有时候出现非常不愉快的不均等。

学徒法妨碍劳动的自由流通，甚至在同一个地方劳动也不能由一行业转到其他行业；同业工会的排外特权同样妨碍劳动的自由流通，甚至在同一行业劳动也不能由一个地方转到其他地方。但凡阻碍劳动自由流动的因素，也同样阻碍资本的自由流动。因为一种行业所能使用的资本数量，很大程度上取决于此行业所能使用的劳动量。然而同业工会的规定对于资本由一地到另一地的自由流动的妨碍，在程度上小于它对劳动的自由流动的妨碍。不论在什么地方，一个富商要在自治城市中获得经商权，比一个穷技工在自由城市中获得劳动的权力容易得多。而济贫法妨碍劳动的自由流动，据我所知是英格兰所特有的。自济贫法以来，穷人在所属的教区以外，就很难取得居住权，要想找到工作的机会就更难了。伊丽莎白四十三年颁布第 2 号法令，规定各教区有救济其所辖的贫民的义务，并规定要每年任命管理人，会同教区执事，征收足够救济贫民的金额。但一个人怎样才算是所辖境内的贫民呢？这成了一个重要的问题。查理二世十三年及十四年的法令规定，任何人只要连续在某教区住满 40 天，就可取得这教区的户籍；但在 40 天期限内，两个治安推事根据教区执事或贫民管理人的报告，把新居民遣回他最后合法居住的教区视为合法；除非新居民租有每年 10 镑租金的住房，或能向治安推事缴纳保证金，担保放弃原户籍。据说，这一法令导致了不少欺诈行为。于是詹姆士三世一年规定：不论何人在新教区获得户籍所必需的连续居住 40 日，一律以书面向当局报告家庭地址及人口之日算起。威廉三世三年，又进一步规定：40 天居住期，从书面报告在教堂星期日礼拜完毕后公布之日算起。

伯恩（Burn）① 博士说，此法令的目的，不在于使新居民获得户籍，而在于使人不能潜入教区，因为书面报告书就是给教区施加压力，以迫使报告人迁回原教区。因此，这使穷人几乎不可能获得新户籍。为使不至于看起来完全没有获得新户籍的可能性，法律又规定了其他四种办法：第一，缴纳教区所征收的税；第二，当选为教区公务

① 理查德·伯恩，“治安推事”，1764 年，第二卷。

员，并已任职1年；第三，在教区当学徒；第四，在教区被雇用1年，而且在这期间连续做同一种工作。任何人都不能按这四种办法中的头两个取得户籍，除非通过教区全体人民的同意；凡是已婚的人也不能按后两个办法取得户籍，做学徒的很少有已婚的，而法律已又明令规定已婚的佣工不得由于受雇1年而取得户籍。独立工人，当他带着技能进入一个新教区时，不论他多么健康，多么勤劳，除非他租有每年租金10镑的房屋——这对于除劳动力外一无所有的人，是不可能的事情，或向治安推事缴纳保证金，否则教区就可以随时把他赶走。而治安推事所要求的保证金不会少于30镑，一个靠劳动为生的人很少能支付得起这样的数目。

为了在一定程度上恢复几乎完全禁止的劳动自由流动，查理二世时期想出了发证书的办法。威廉三世八年和九年的法令规定，不论是谁，只要持有他最后合法居住的教区发给的证书，他所迁入的教区不得令其离开，移居者必须租有年租金10镑的房屋或义务为教区服务满1年，才能取得户籍。虽然证书只是证明持证者所属的教区，并不证明其品德如何，但证书是否发放，完全由教区官员自由决定。伯恩博士说，曾经有人向高等法院提出建议，命令教区执事及贫民管理人签发证书，但高等法院拒绝了。我们发现，英格兰境内，相距不远的地方劳动价格却很大不一样，这也许是由于英格兰的户籍法使没有证书的穷人不能从一个教区迁往另一个教区劳动。所以在英格兰，不像在所有其他国家那样，一个教区劳动力的不足，可以通过其他教区劳动力的过剩得到缓解。

强迫一个没有犯过罪的人迁出他所要居住的教区，显然是违反自由与公正的。英格兰的普通百姓，虽然那么羡慕自由，但也像其他大多数国家的普通人一样，从来不了解什么是自由，在一百多年里，他们一直甘愿受压迫而不图补救。

以前规定工资，最初是由全国性的法律，后来根据各地治安推事的特殊命令，到了现在，这两种办法都不用了。然而，个别法律有时仍旧企图规定个别行业和个别地方的工资。乔治三世八年的法令规定，除国丧以外，伦敦及其周围 5 英里以内的所有裁缝，每天不得支付 2 先令 7 便士以上的工资，而其雇工也不得接受此金额以上的工资，违者重罚。当时的劳动者常常抱怨说，这项法律把最有能力和最勤勉的劳动者和普通劳动者同样看待了。立法机关在规定劳资关系时，总是以雇主为顾问。所以，对劳动者有利的法规总是正当而公平的，但对雇主有利的却往往是不正当不公平的法规。

前文已经说过，劳动和资本在不同用途上的不同工资率和利润率的比例，似乎不大受社会的贫富，社会进步、退步或停滞状态的影响。公共福利上重大的变革，虽然会影响一般工资率和利润率，但归根到底在所有不同用途上必然有相同的影响。因此，工资率和利润率的比例必然保持相同，至少在相当长的时间内，不会因这种变动而变动。

第十一章 论地租

地租，作为使用土地所支付的代价，自然是承租人按照土地的实际情况所支付的最高价格。在决定租约条件时，地主都设法使承租人所得到的土地产品份额，仅够补偿他提供种子、支付工资、购置和维持耕畜与其他农具的资本，再加上当地农业资本的普通利润。这一份额，显然是承租人在不亏本的条件下所愿意接受的最小份额。地主决不会多留给他，地主自然要设法把超过这个份额的部分据为己有作为地租。因此，地租显然是承租人按照土地的实际情况所能支付的最高份额。

也许有人认为，土地的地租，只不过是地主用来改良土地的资本的合理利润或利息。无疑，有些时候情况是这样。但地主对于未经改良的土地也要求地租，而所谓改良支出的利息或利润，一般只是原有地租的附加额。而且改良土地并不总是由地主出资，有时是由承租人出资的。

有时，地主对于完全不能人工改良的土地也要求地租。例如，英国不少地方都生产一种海草。它生长在高水位才能达到的岩石上，每天被潮水淹没两次，所以，这些岩石上的海草，不能通过人工改良来增加数量。但是，对于生产这种海草的海岸周围的区域，地主也要求地租，就像他们对耕地要求地租一样。

这样看来，作为使用土地的代价的地租，其实是一种垄断价格。它和地主改良土地所支出的费用或地主所能收取的数额完全不成比例，只是和承租人所能支付的数额成比例。

能经常送往市场出售的土地产品，其普通价格，必须足够补偿所需要垫付的资本，再加上普通利润。如果普通价格超过这个数目，其剩余部分自然就是地租。若不超过这限度，产品虽可运往市场售卖，但不能提供地租。价格是否超过这个数目，取决于市场需求。有些土地生产物的需求，使得它们在市场出售的价格，总是高出其原价；有些产物的售价，则有时超过有时不超过其原价。前者总是能给地主提供地租，后者有时能有时不能提供地租。

所以应当指出的是，地租成为商品价格构成部分的方式是同工资与利润不一样的。工资和利润的高低，是价格高低的原因；地租的高低，则是价格高低的结果。商品的价格时高时低，正是因为该商品上市所支付的工资与利润有高有低。但该商品提供的地租是高是低或根本不能提供地租，却是因为该商品价格有高有低。

第一节　论总能提供地租的土地产品

像所有其他动物一样，人类的繁衍自然会与生活资料成比例。所以，人类对于食物总是或多或少地有需要。食物总能按照当地劳动者的普通生活标准维持一定数量的劳动。但是几乎任何情况的土地，其所产的食物数量要大于足够维持它上市所需的劳动，这种剩余，除了补偿雇佣劳动所投入的资本及其利润，还留有一部分余额作为地主的地租。

不论土地的产品如何，地租随土地肥沃程度的不同而不相同；不论土地的肥沃程度如何，地租又随土地位置的不同而不相同。城市附近的土地，比同样肥沃的偏远地区的土地，能提供更多的地租。良好的道路、运河或通航河道由于减少了运输费用，使偏远地方与城市周围地方的地租，更接近于同样的水平。所以，在一切改良中，交通改良是最为有效的。一块中等肥沃程度的谷田为人类生产的食物，比最好的相同面积的草地所生产的多得多。所以，如果 1 磅鲜肉的价值，从来没有被认为大于 1 磅面包的价值的话，那么这种较大的剩余到处都具有较大的价值，而且是为农场主带来利润及为地主带来地租的较大资源。但这两种食物的相对价值，在不同的农业发展时期是大不相同的。在农业发展的初期，绝大部分未开辟的土地都用于养牲畜，鲜肉比面包多，面包就成为竞争的对象，因而可卖到极高的价格。后来由于耕地的扩大，未开辟的荒野就变得不够供应鲜肉的需求了。不到一个世纪以前，苏格兰高地许多地方的鲜肉价格和燕麦面包的价格一样便宜，甚至更低一些。后来，英格兰和苏格兰统一，英格兰的市场向苏格兰高地的牲畜开放了。现在，英国各地 1 磅最上等的鲜肉大约可以买到最上等的白面包 2 磅以上，而在收成好的年头，有时能买到 3 磅乃至 4 磅。

所以，改良过程中，未改良的草地的地租与利润，也在一定程度上受到已改良的草地的地租与利润的调节，而后者又受到谷田的地租与利润的调节。这样一来，在大城市附近对奶品及马粮的需求，以及鲜肉的高价，使牧草的价格超过了它与谷物价格的自然比例。很明显，这种地方性的利益是不会扩大到偏远地区的。某些国家的特殊情况使其人口迅速增长，以致这些国家的所有土地，也像大城市附近一样，不足以生产居民生活需要的牧草及谷物。因此，其土地主要用以生产体积较大，不方便从远方运来的牧草，而人民食用的谷物，则依靠从外国进口。现在的荷兰和古罗马时代就是这样的情况，偶尔在圈地不多的国家也有类似情况。在一个以谷物为主要产品的开阔地区，圈围起来的草地的地租往往比附近谷田的地租更高。圈围便于饲养牲畜，现在苏格兰圈地高昂的地租，似乎是由于圈地太少，而圈地一旦增加其地租就会下降。但在没有这种地方性利益的地方，草地的地租和利润，必然要受适宜耕种谷物或其他普通蔬菜食品的土地的地租和利润的支配。同等面积的土地，仅仅使用天然牧草所能饲养的牲畜不如使用胡萝卜、卷心菜等人工牧草所能饲养的牲畜多。这样我们就可以推知，进步国家中鲜肉价格高于面包价格的幅度会稍稍降低。事实上似乎是这样一种情况，至少伦敦市场上鲜肉对面包的相对价格，现今比上世纪初要低得多。

在一切大国中，如果用以生产某种特殊产品的土地，提供了比上述少的地租和利润，这种土地马上就会改作谷田或草地。如果一种土地能提供更多的地租和利润，那么部分谷田或草地不久就改来生产那种特殊的产品。为了使土地适合于生产某种特殊产品，有时最初要投入更大改良的费用，有时每年要花更大的耕种费用。较大的改良费用，一般提供较大的地租，而较大的耕种费用，也提供较大的利润。可是，增高的地租和利润往往只是较大费用的合理利息或报酬。例如种植果树及蔬菜的土地给地主带来的地租和农场主的利润，一般比谷田或草地大。但是，为了使土地适合于栽植这些作物，就需要投入更大的费用，所以应给与地主以更大的地租。此外，这种土地，需要更细心和更专业的照料，所以应给农场主更大的利润。地主从这种改良所得到的利益，似乎都仅仅足以补偿改良所投入的费用。古代的耕作，除葡萄园外，能提供最有价值的产品的土地似乎是便于灌溉的菜园。但是被古人称为农业技术之父的德谟克里特[①]认为，把菜园用围墙圈起来是不聪明的办法，因为菜园的利润，不足以补偿石墙的费用，而砖块很容易被风雨毁坏，需要经常修补。但在英国及其他北方国家，不借助于围墙，果实就不能成熟。所以，优良果实的价格必须能够补偿生产上必不可少的围墙建筑费和维修费。果树围墙也常常来圈围菜园，这样就使本身不能补偿围墙建筑费和维修费的菜园，也能得到圈围的好处。因此，那些需要有较大土地改良费用之适合于栽种，或者需要有较大的年度耕作费用的作物，其地租和利润即使往往大大超过谷物或牧草的地租和利润，余额如果仅够补偿额外的费用，那么其地租和利润实际上还是受普通作物的地租和利润的支配。

诚然，有时会发生这样的情况：适合于生产某种特殊产品的土地过少，不够供应其有效需求。这时，全部产品都可以出售给愿出更高价格的人，他们所出的价格，略高于这种产品生产以至上市所需要的地租、工资和利润的自然率。除去改良及耕种的全部费用后所剩余的部分，只在这种情况下，不和谷物或牧草的同样的剩余部分保持正常的比例，这种剩余的大部分，自然归于地主的地租。

例如在一切果树中，葡萄最容易受土质的影响。一种特殊土壤赋予葡萄的特殊美味，在另一种土壤上，任何人工培育都做不到。这种

① 德谟克里特，Democritus，古希腊哲学家。

现实上或想象上的美味，有时仅为几个葡萄园产物所特有，这种葡萄酒在市场上供应的数量都不够满足有效需求。因此，其全部产品可卖给愿意支付更高价格的人，这必然使这种葡萄酒的价格超过普通葡萄酒的价格。价格差别的大小，要看这种葡萄酒的流行性与稀少性所引起的购买竞事程度的大小而定。但无论相差多少，其差额的大部分都归地主了。因此，只是高价中的一小部分，就足以支付生产上额外资本的利润。在北美的弗吉尼亚和马里兰，由于种烟草利润更大，人们更愿种烟草而不愿种谷物。但是几乎所有欧洲国家，都以烟草为主要征税对象，而国内要是允许种植烟草再对各种植地区征税，很是麻难，于是大多数地方，禁止种烟草。结果，允许种烟草的地方便自然而然地获得了一种垄断。

由此可见，生产人类粮食的耕地的地租，正是这样支配着其他大部分耕地的地租。除了特殊情况，在欧洲谷田地租决定着大部分其他耕地的地租。任何特殊产品所提供的地租，不会长时间低于其他耕地的地租，因为那块土地肯定会立即改为别的用途。

如果任何一个国家人们普遍爱吃的植物性食品，不是谷物而是另一种植物，并且在普通土地上，通过和谷田耕作相同或几乎相同的耕作所能生产的这种植物数量，比最肥沃谷田所生产的还多得多，那么地主的地租，必然会多得多。不论国家维持劳动的普通工资是怎样的，这一较大的剩余，总能维持较大的劳动量，地主也因此能购买或支配更多的劳动量。他的地租的真实价值，也必定多得多。

马铃薯地的产量，不亚于稻田的产量，而大大高于麦田的产量。耕作一亩马铃薯地的费用，比耕作一亩麦田的费用少，而麦地在播种前通常需要犁地休耕，这就超过栽种马铃薯的锄草及其他特殊费用。

所以，这种块根食物，如果将来成为欧洲各地人民普通喜欢的食物，正如米在产米国成为人民的普通食物那样，那么同样面积的耕地必然能养活更多的人民。而且，劳动者如果都以马铃薯为主食，那么除了耕作资本及维持劳动外，还会有更大的剩余。这种剩余的大部分，也将属于地主。人口会增加，而地租也会大大超过现在的地租。凡适合种植马铃薯的土地，也适合种植其他任何一种有用植物。如果马铃薯地在全部耕地中所占的比例和现在的谷田所占的比例相同，那么马铃薯地的地租，就规定其他大部分耕地的地租。可是，马铃薯不易保存，而且不能像谷物那样贮存两三年。担心不能在腐烂以前卖完的想法使人不想种马铃薯。在任何大国，马铃薯不像面包那样成为各阶层人民的主要植物性粮食，这也许是一个根本原因。

第二节　论有时提供有时不提供地租的土地产品

在各种土地产品中，似乎只有人类食物是必然能为地主提供地租的；其他生产物，不同情况下，有时提供地租，有时不提供地租。

人类的最大需要，除了食物，就是衣服和住宅。在原始状态下的土地，在衣服及住宅材料方面所能供给的人数，比在食物方面所能供给的人数多得多。但在进步社会状态下，土地在前者所能供给的人数，却比在后者所能供给的人数少。所以，在原始状态下，衣服和住宅材料总是过剩，因而没有多少价值，或者完全没有价值。大部分衣服和住宅材料，由于无用被丢弃了，被使用部分的价格只等于改造这些材料所花的劳动与费用，因而不能为地主提供地租。在进步状态下，这些材料往往缺乏，价值于是便增大。

例如，原始的衣服材料，来自大动物的皮。所以，那些狩猎和畜牧民族，在获取食料的同时也获得了他们自身穿不完的衣服。如果没有对外贸易，这些过剩的材料，便被看作无价值的东西而丢弃。以前的北美狩猎民族基本上就是这种情况。现在，他们以过剩的毛皮和欧洲人交换毛毯、火器和白兰地酒，这样就使他们的毛皮具有了价值。我相信，现在最不开化的民族，只要土地所有制确立起来，就能在一定程度上进行这种对外贸易，在较富裕的邻国中找到销路，使这种材料的价格超过其运输费用，于是就给地主提供了地租。英格兰以前不能在本国加工或消费的羊毛，也在当时更富裕的弗兰德人的国家里找到了销路，其价格对羊毛产地也提供了一些地租。

一个国家的人口，不和衣服和住宅材料所能供应的人数成比例，而和其食物所能供给的人数成比例。食物要是得到供给，那就不难找到需要的衣服和住宅。但是，有了住宅衣服，却往往很难找到食物。但是当土地改良和耕作使一家的劳动能供给两家的食物时，一半的社会劳动就足以生产供给整个社会的食物，所以另外一半就用以满足人类其他需要和嗜好，如衣服、住宅、家用器具，以及成套的物品。每个人的食欲，都受到胃的狭小容量的限制，而对于住宅、衣服、家用器具，以及成套物品的欲求，却好像没有止境。所以，可随意支配自己所消费不了的剩余食物的人，一定愿意用剩余食物或其代价来交换足以满足其他需要的东西。另一方面，穷人为了获得食物往往相互竞争，使自己的产品更加物美价廉。因此，才有了对能在建筑、衣服、家用器具，以及成套物品上使用的各种原料，甚至地底下的化石、矿产、贵金属和宝石的需要。

这样，食物不仅仅是地租的原始来源，而且后来提供地租的其他生产物中相当于地租的部分，也来自生产食物的劳动生产力的增进。而生产力的增进，是土地改良和耕种的结果。例如，煤矿能否提供地租，一部分要看它的蕴藏量，一部分要看它的位置。有些煤矿，位置很有利，但由于蕴藏量不大而不能开采，其生产物不能够支付费用。这样的煤矿，既不能提供利润也不能提供地租。有些煤矿的产品仅够支付劳动工资，偿还开矿使用的资本，并提供普通利润。于是开矿人能获得部分利润，而地主却不能由此得到地租。

和木头相比，煤炭是比较不让人满意的燃料，据说还比较不卫生。在消费煤炭的地方，其费用一般要比木头的费用少。不论木头的价格是多少，如果一个地方烧煤的费用和烧木头的费用几乎相等，那么煤炭在当地的价格就达到顶峰了。在产煤的国家，任何地方的煤炭价格都比这个最高价格低得多。否则，煤炭就负担不起陆运或水运的费用了。像所有其他商品一样，煤炭能在相当长的时间内出售的最低价格，是仅足以补偿上市所需要的资本及其普通利润的价格。那些不对地主提供地租，因而只能由地主去自主经营的煤矿，其煤炭价格，一般接近于这个最低价格。

即使煤炭能够提供地租，煤炭价格中的地租部分的比重，一般小于其他大多数土地生产物价格中的地租部分。金属矿的价值，则多取决于蕴藏量，很少取决于其地理位置。尤其是贵金属，刚开采出来就具有极大的价值，一般都负担得起长期陆运和长途水运的费用。其市场不只局限于矿山周围的国家，而可能扩到及全世界。例如日本的铜，成为欧洲贸易的项目；西班牙的铁，成为智利及秘鲁的贸易商品；秘鲁的白银，不仅销往欧洲，而且通过欧洲在中国也找到了销路。

但距离很远的金属矿的产品却往往可能相互竞争，而事实上也是这样。因此，世界出产金属最多的地方，其金属的价格，尤其是贵金属价格，必然或多或少地影响世界各其他矿山的金属价格。日本的铜价，肯定对欧洲的铜价发生影响。秘鲁的银价，不但对欧洲的银价有影响，而且对中国的银价也有影响。因此，在大多数矿山所产的粗金属的价格中，地租似乎只占很小一部分，在贵金属价格中所占的部分更小。劳动与利润，构成了两种金属价格的大部分。

以产量丰富闻名于世的康沃尔锡矿，其平均地租据说高达总产量的1/6。苏格兰许多产量很丰富的铝矿的地租，也占总产量的1/6。在秘鲁，直到1736年，西班牙国王对银矿所征收的税额，为标准银产量的1/5；在当时，这可以说是大部分秘鲁银矿的真实地租，而秘鲁银矿当时是世界最丰富的银矿。然而，1736年银税由1/5减到1/10。秘鲁银矿开采者的利润通常不怎么大。最熟悉当地情形的人告诉我们说，在秘鲁准备开采新矿的人，都被认为是注定要倾家荡产的，所以大家都敬而远之。可是，由于秘鲁国王的收入很大一部分来自银矿，所以秘鲁法律鼓励新矿的发掘及开采。同样也奖励金矿的发掘与开采，而国王所收的金税只占标准金产量的1/20。这1/20似乎是智利和秘鲁大部分金矿所支付的全部地租。同时，国王如果从白银税收只得到很少的收入，那么从金税中所得的收入可能就更少，而地租在金价中所占的部分，必定比在银价中所占的部分小得多。

贵金属能在市场上出售的最低价格，即长期在市场上所能交换的最小其他货物量，是受决定一切其他货物普通最低价格的原理的支配的。决定这种最低价格的，是使贵金属上市通常所需投入的资本，即贵金属从矿里进入市场通常所需消费的食物、衣服和住宅。这最低价格必须足够补偿所费的资本并提供资本的普通利润。

但是贵金属的最高价格似乎只是取决于贵金属本身的实际蕴藏量是稀少还丰富。贵金属的最高价格不是由任何其他货物的最高价格决定的，不像煤炭价格由木头的价格决定一样。把黄金的稀缺性增加到一定程度，最小的一块金也可能变得比钻石还贵，并能交换更大数量的其他货物。对贵金属的需求，一半因为其有用，一半因为其美观。贵金属的这种美观的特点，又因贵金属的稀少而大大增加。对大部分富人来说，财富的乐趣主要在于炫耀财富，而自己具有别人求之不得的财富的决定性标志时，就算是最大的炫耀了。他们情愿用比这种金属美观得多、有用得多，但比较平庸的物品的价格更高的价格来购买这种金属。有用、美观和稀少这些性质，是贵金属价格高昂、到处都能交换很大数量的其他产品的根本原因。

全世界贵金属及宝石的价格，都受世界上最丰富的矿产品价格的支配，所以贵金属或宝石两种矿所能提供的地租，不和其绝对生产能力成比例，而和其相对生产能力成比例。换句话说，和它对其他同类矿山的优越程度成比例。贵金属或宝石最丰富的矿山，并不能增加世界的财富。而土地的产品情况就不是这样了。土地的产品及地租两者的价值，不和其相对生产能力成比例，而和其绝对生产能力成比例。生产一定数量食物、衣服和住宅的土地，总能为一定人数提供食物、衣服和住宅，不论地主享有的比率如何，地租总能因此支配相当的劳动，即支配这劳动所提供的商品。最贫瘠的土地，并不会因周围有最肥沃的土地而减少价值，反而其价值常因此而增加。

食物不仅构成世界财富的主要部分，而且使许多其他财富之所以具有价值的因素，是食物的丰富。古巴和圣多明各刚被西班牙人发现时，当地的穷苦居民，常以小金块装饰头发和衣服。只要新客人提出要金块，他们马上就给对方，似乎也并不认为是赠送了什么珍贵的礼物。他们看到西班牙人那么热切地想要金块都感到惊讶。他们想不通世界上竟然有这样的国家，那里的许多人民，对于他们老是缺乏的食物有那么大的剩余量，为了一点点闪闪发光的东西，却愿意以足够供养全家好几年的大量食物来交换。

第三节　论提供地租的产品及价值比例

随着土地改良和耕种的不断增大，粮食也日益丰富，这必然增加对一切实用及装饰用的非食物的土地产物的需求。所以，在改良过程中，可以预期这两种产物的相对价值只有一种变动，即和总能提供地租的产物的价值相比，有时提供地租有时不提供地租的产物的价值不断地增长。同时随着技术和产业的发展，衣服、居住材料、矿物，以及贵金属和宝石的需求逐渐增加。它们所能交换的食物逐渐增多，其价格都逐渐增高。例如，石灰石矿的价值，必然随其所在地的改良和人口的日益增加而增高；特别是当它是邻近一带唯一的石矿时尤其如此。然而银矿的价值，即使在周围一千英里以内没有任何其他银矿，其价值也不一定会随矿山所在地的改良而增加。石灰石矿的市场，很少扩大到周围几英里以外；而银矿的市场，却能够遍及全世界。所以，除非全世界的改良和人口都增加，否则白银的需求不会因银矿附近某个大国的改进而有所增加。然而如果发现了丰富的新矿山，尽管白银的需求会增加，但由于银的供给增加更多，所以银的真实价格就可能逐渐下降。一定分量的白银所能支配或购买的劳动量，或者说所能交换的劳动者主要生活资料即谷物的数量，可能逐渐减少。另一方面，如果白银的供给和需求几乎按同一比例增加，那么就能继续交换几乎相同数量的谷物。尽管有一切的改良，谷物还是会继续保持几乎相同的平均货币价格。

有人认为，金银的昂贵，不仅是因为这些金属稀少，而且还是一个国家贫穷和野蛮的证明。与这种观念有关的政治经济学理论认为：国民富裕就是金银的丰富；国民贫穷就是金银的稀少。然而我要说的是，任何国家的金银的高昂价值并不能证明其贫穷和野蛮情况，只能证明当时供应市场的金银矿产的不足。但是有些货物如牲畜、家禽、猎物等，它们的价格相对于谷物来说低廉，却是其贫穷和野蛮的力证。它清楚地表明，一个国家的牲畜和人口与其领土的比例，与其他文明国家的比例不相同，那么当时该国尚处于发展的初始阶段。

完全由于白银价值的下降所造成的物价上升，会同样地影响到其他货物，使它们的价格纷纷上升，但谷物的价格上升较小。至于近十年来谷物价格的昂贵，可以由收成不好来证明，不需要归因于白银价值的变动。

现在我用下面的话来结束这一章：任何一种社会状况的改良，都会直接或间接使土地的真实地租上升，使地主的真实财富增大，使地主对他人的劳动或劳动产物有更大的购买力。改良及耕种的扩大会直接提高土地的真实地租。地主的所得，必然随全部产品的增加而增加。劳动生产力的提高，如果直接使制造品的真实价格下降，也一定能间接提高土地的真实地租。

一个国家土地和劳动的全部年产物，或者年产物的全部价格，自然分为土地地租、劳动工资和资本利润三部分。这三部分，又构成三个阶层的收入，即以地租为生、以工资为生和以利润为生的三种人的收入。这三种人，构成每个文明社会的三大主要的基本的阶级。一切其他阶级的收入，归根结底都来自这三大阶级的收入。

第二篇

论资财的性质及其积累和用途

引　言

在原始社会状态下，没有劳动分工，很少交换，每个人都为提供自己所需要的一切物品，没有必要积累资财（stock）。在劳动分工彻底采用之后，一个人自己劳动的产物，就仅能满足自身随时发生的需要的一小部分。其他大部分需要，必须用自己的产品去购买。但在购买以前，自己的产品要已经完成还要已经出售，所以至少在这点办到以前，必须先在某个地方储备各种货物，来维持他的生活并提供材料和工具供他使用。

如果要大大提高劳动生产力，积累资财是绝对必要的，而这种积累也自然会导致这种提高。所以，不仅每一国家的产业数量随着使用劳动的资财的增加而增加，并且由于资财增加的结果，相同数量的劳动所能生产的产品也会大大增加。资财增加对劳动及生产力的作用就是这样的。

本篇所要说明的是：资财的性质；资财积累对各种资本的影响怎样；资本用途不同，其影响又是怎样不同。

第一章　论资财的划分

如果一个人所拥有的资财，仅够维持他几天或几个星期的生活，他就会尽可能地节约，很少会想到从这笔资财取得任何收入。但是如果他的资财足够维持几个月或几年的生活，他自然会企图从中获得收入，只保留一部分作为维持他生活的费用。于是他的全部资财分成了两部分：他希望从中取得收入的部分，称为资本。另一部分提供目前生活的费用，包含三种东西：一是原来为这一目的而保留的那部分资财；二是逐渐取得的收入，不论其来源是什么；三是以前购买的但至今尚未用完的物品，如衣服和家具，等等。为目前的消费而保留的资财，由这三种东西当中的一种、两种或全部构成。

为资本使用者提供收入或利润的资本，有两种使用方法。第一，可以使用资本生产、制造或购买物品，然后出售以取得利润。这种资本称为流动资本。第二，资本又可以用来改良土地，购买机器和工具，或无须改变主人或无须进一步流通即可提供利润。这种资本称为固定资本。不同行业所需要的固定资本与流动资本之间的比例大不相同。例如，商人的资本全是流动资本；手工业者的资本，大部分是流动资本；一个大型制铁厂需要大量的固定资本；而农场主用于购买农具的那部分资本是固定的；用于维持生产与支付工资的资本是流动的。他通过保管前者支付后者从而获取利润。

所以一个国家或一个社会的总资财，也就是全体居民的总资财，自然而然地分成三个部分，各有各的功能和作用。第一部分是保留来提高目前消费的，其特点是不提供收入或利润，消费者购买但尚未完全消费掉的食品、衣服、家具等，属于这一类。一个国家的全部住宅，也构成这个部分中的一部分。第二部分就是固定资本。其特点是不必经过流通或更换主人即可提供收入或利润。主要包含四项：一是一切便利和节省劳动的机器与工具；二是一切可以带来利润的建筑物，如商店，工场，农屋，谷仓等。这类建筑物和住宅不同，是生产工具的一种；三是用于开垦、排水、围墙、施肥等过程的土地改良费；四是一切社会成员学到的有用才能。获得一种才能必须接受教育，这是一项不小的开支。第三部分是流动资本。其特点是要通过流通或更换主人而提供收入，也包含四项：货币；屠夫、农场主、谷商、酿酒商等人所拥有的食品；衣服、家具、建筑物所用的材料；已经制成但尚未卖给消费者的物品。这四项中，食品、材料和制成品这三项通常在大约一年的时间内，会由流动资本变成固定资本，或变成提供目前消费的资财。

固定资本最初都是由流动资本变成的，而且要不断地由流动资本来补充。即使最有用的机器工具，如果没有流动资本提供原料并维持工人，就生产不出任何东西。固定资本和流动资本，具有相同的和唯一的目的，那就是，维持并增加提供目前消费资财的人民的衣食住，都仰仗这种资财。补充流动资本有三个主要来源，即土地产品、矿山产品、渔业产品。土地、矿山和渔业都需要有固定资本和流动资本来经营，其产品不仅要偿还投入的资本连带利润，还要偿还社会上一切其他的资本连带利润。在土地、矿山和渔场的自然生产力相等的情况下，它们的产量都和投资的大小与资金用途的好坏成比例。在资本数量相等，投资方法又同样恰当的时候，它们的产量就和它们的自然生产力的大小成比例。

在生命财产相当安全的地方，如果一个人不把他所能支配的一切资财用于这些用途中的一种，那他不是疯了才怪。但是在专制、暴力、人民财产随时有受侵害的危险的地方，人们往往把资财的大部分藏匿起来。据说，在土耳其和印度，就是这样。

第二章 论作为社会总资财的一部分或作为维持国民资本支出的货币

在第一篇已经指出：每一种商品的价格都可以分解为三个部分，一部分为劳动工资，一部分为资本利润，另外一部分为土地地租。总的来看，构成全国土地和劳动的年产物的全部商品也是这样的情况。就像个人私有土地的地租可以分为总地租和纯地租一样，一国全部居民的收入，也可分为总收入和纯收入。

私有土地的总地租，包括农场主所支付的一切，总地租除去各种必要的管理和修缮费用，留给地主支配的剩余部分，称为纯地租。地主的实际财富，不是看其总地租的多少，而是看纯地租的多少。同样的道理，一个大国全体居民的总收入包括土地和劳动的全部年产物。总收入除去维持固定资本和流动资本的费用，其余留给人民自由使用的便是纯收入。一国国民的真实财富的多少，也不取决于其总收入，而取决于其纯收入的多少。

很明显，维持固定资本的费用，不能包括在社会纯收入之内。固定资本的目标，在于增加劳动生产力，也就是在于使同一数目的工人能够完成更多的工作。一个大国维持固定资本的费用，可以与私有土地的维修费相比。如果措施得当使维修费减少而产量并不减少，那么总地租保持不变，而纯地租一定会有所增加。但是，流动资本的维持费，却有所不同。流动资本四个组成部分中的后三个，即食物、材料和制成品，经常从流动资本中抽出，成为社会的固定资本或提供目前消费的资财，从而成为社会纯收入的一部分。从这一点来看，社会流动资本与个人流动资本不同。个人流动资本，不能算作个人的纯收入，个人的纯收入全由其利润构成。但社会流动资本，不能因为由社会内每个人的流动资本构成，就说社会流动资本不是社会纯收入的一部分。商店内所有的货物，虽然不都是商人自己用来供目前消费的资财，但可以是别人提供目前消费的资财。由其他资源取得收入的人，可以经常补偿商人的货物的价值，以及支付商人的利润。商人或购买者的资本都不会减少。

因此，社会流动资本中只有一部分，其维持费会减少社会纯收入，这就是货币。货币是流动资本的一部分，就它对社会收入的影响来说，和固定资本是很相似的。第一，货币资材的维持费用，是社会总收入的一部分，但被排除在社会纯收入之外。第二，货币本身不是社会收入的一部分。货币只是货物借以流通的工具。我们谈到一定数额的货币时，有时指的是构成货币的金块，有时又暗指这个数额的货币所能交换的货物，或指因拥有这个数额的货币而取得的购买力。例如，某人每星期的领养老金是 1 基尼，一星期内他可用这 1 基尼购买一定数量的生活资料。他每星期的真实收入，即他的真实财富，不能同时既等于 1 基尼货币，又与这 1 基尼所能购买的货物相等，只能等于二者之一。事实上，与其说等于前者，不如说等于后者；与其说等于这1基尼，不如说等于这1基尼的所值。因此，虽然我们常用一个人每年领受的货币数量来表示他的收入，但我们仍然认为，构成他的收入的是这种购买力或消费力，而不是含有这种能力的金块。但流通在社会上的货币数量，不等于社会全体人员的收入。同1个基尼，今天付给甲，作为甲的养老金，明天可以给乙，后天又可以付给丙。所以在任何国家，每年流通的货币数量和每年支付的养老金比较，价值要小得多。但购买力和养老金比较，却具有同样的价值。所以，货币是资本的一部分，但不是社会收入的一部分。第三，货币资财的维持费用当中，每一项节约都是改进。推动劳动的是流动资本。所以，固定资本维持费的节省，如果没有减少劳动生产力，就一定会增加推动劳动的基金，从而增加土地和劳动的年产物，增加社会的真实收入。

以纸币代替金银币，流通的建立费和维持费都少多了，是一种改进。纸币有好几种，银行的流通券，是最普通、最好用的。因为它们可以随时兑换金银。假设某银行家贷给他的顾客10万镑期票，但是有2万镑金银币就足够应付随时兑现的需要。于是，国内流通就能节省8万镑的金银币。假设，某个国家某个时期的通货总共为100万镑，这已足够使国内全部年产物得到流通；再假定，银行发行的期票为100万镑，而在金柜内只保留20万镑金银币以备不时之需。这样，在流通中就有了80万镑金银币和100万镑期票，总共180镑了。但国内年产物的流通原来只需要100万镑，有80万镑一定会溢流出来，是国内流通所容纳不下的。因此，一定会把它送到外国去寻求利润。不过，纸币是不能运往外国的，因为远离可使用法律强制其兑现的国家，所以送到外国去的，一定是80万镑金银。国内流通的渠道，以前由100万镑金银填充，现在却充满了100万镑纸币。

如果他们用来经营转手贸易，由此获得的利润将是本国纯收入的增加。如果他们用来购买外国货物供本国消费，那这些进口的货物，不是奢侈品，如外国葡萄酒、外国绸缎，等等，就一定是更多的材料、工具和食物等。前一种用途，完全是鼓励奢侈享受，后一种用途却可以鼓励勤劳，虽然会增加社会消费，但也会提供一种长久的维持这种消费的资金。消费者会把每年消费的价值全都再生产出来，同时提供利润。于是社会的总收入将增加起来，而社会的纯收入也必然增加。被运往外国的金银，有大部分是用于后一种用途的。

我们计算社会流动资本所能推动的劳动量时，只计算食物、材料和制成品三项。而仅用以实现流通的货币部分必须除外。工人的工资虽然普通用货币支付，但工人的真实收入并不是由货币或金块构成，构成工人真实收入的，是货币的价值。

以纸币代替金银币以后，全部流动资本所能提供的材料、食物和维持费，必定按照所代替的金银的全部价值而增加。货币数量占整个产物的比例很小，但是占用于维持劳动部分的比例很大。以纸币代替金银币的话，流通所需要的金银就会减少到原先的1/5，那么，其余那4/5，如果大部分是加在维持劳动的基金里了，当然会大大增加土地和劳动的年产物的价值。

最近二三十年来，苏格兰几乎所有大城市都设立了银行，全国的交易几乎用这些银行发行的纸币来进行，国家无疑从银行设立中得到了莫大的利益。我听说：格拉斯哥自创立银行以来，15年间贸易大约增加了一倍。现在苏格兰境内的总通货，估计不少于200万镑，其中金银币也就不过50万镑左右。但是，苏格兰的金银币虽然大大减少了，其真实财富和繁荣程度却丝毫未受损害。反之，我们可以很明显地看到其农工商各产业的发达。

大多数银行发行本票，主要方法是贴现汇票，也就是汇票到期之前先垫付货币。苏格兰的银行发明了另一个方法，即所谓的现金账户法。任何一个人，只要找到两个有信用并有地产的保证人担保，并在银行要求偿还的限期内如数偿还所贷的金额及其法定利息，就可以向银行贷一定数额的钱，如2000 镑或3000 镑。各种商人，都觉得这种账户很便利，因而都乐于接受银行发行的钞票，银行营业，自然就兴旺发达起来了。

有了这种现金账户，商人们就能够毫无顾忌地扩大业务了。任何国家的纸币流通的全部金额，决不能超过其所代替的金银的价值。如果超过了这个数额，过剩的部分既不能在国内流通又不能输往国外，结果会马上回到银行要求兑换金银。如果银行对兑现表现出任何的困难或迟缓，由此所引起的恐慌必然会使挤兑加剧。

银行有两类特有的开支：第一，金柜内必须储存大量的货币，以应付持票兑现的不时之需。第二，应付不时之需的金柜一旦空了，必须立即得到补充。如果银行发行的纸币过多，超过国内流通的金额将不断回到银行来兑现，所以第一项特别开支要按更大的比例增加。此外，金银这样的不断输出，又加重了银行寻找金银来补充金柜的困难，从而增加银行的费用。所以，第二项特别开支增加得比第一项还要多。

假设某银行发行的纸币为40000 镑，这正好是国内流通所容易吸收和使用的数目，为应付不时之需，银行金柜常常备有10000 镑金银。如果这家银行企图发行44000 镑，那么银行金柜应该储存的金额就不只10000 镑，而为14000 镑。于是，4000 镑过剩的纸币不仅得不到利息，银行还要负担不断收集4000镑金银的费用，这些金银一经收进金柜，马上又要流失出去。如果所有银行都懂得这个道理并且注意自身的利益，流通界上就不至于纸币过剩。不幸的是，流通中纸币过剩的现象常常发生。由于发行过量纸币，超额不断回来兑换金银，许多年来，英格兰银行每年都要鼓铸金币，平均每年大约要铸85万镑。银行为了铸币，常常以每盎司4镑的高价购买金块，铸成后却以每盎司3镑17先令10便士半的低价发行，损失达2.5%—3%。虽然银行免交铸币税，铸币的一切费用全由政府负担，但政府的慷慨也无法挽救银行的损失。

纸币会如此过剩是起因于贸易的过度。银行借贷给商人的资本，不是他从事贸易的全部资本，而是为应付不时之需留着不用的那部分现钱。汇票一旦到期就要兑付，所以银行垫付出去的价值及其利息也一定可以收回。要是银行只和这类顾客来往，银行的金柜就像一个水池，虽有水不断流出，同时也有水不断流入，因此水常常是满的，不需要时刻留神。银行方面除了汇票贴现外，还允许按简单的条件，用现金账户结算，在商人的货物售出的时候陆续偿还，这样商人就不用常常储备一部分现款以备不时之需了。苏格兰各银行，在一个长时期内非常谨慎地要求所有顾客必须经常地定期地归还贷款。如果不照办，无论他有多大的财产和信用，也从银行贷不到钱。由于这样的谨慎，银行除了不必特别破费来补充金柜以外还得到了另外两种很大的利益。第一，由于这样的谨慎，银行方面能相当准确地判断债务人的盛衰情况。第二，由于这样的谨慎，银行方面就能保证不发行过剩的、社会所容纳不下的纸币。

银行通过贴现法和现金账户法，使有信用的商人不必自己储备现款以备不时之需，就算尽了力，银行从自身的利益与安全出发，也只能做到这个地步了。商人的流动资本全部回流的时间，距离全部流出的时间太远了，要在短期间内使还款的数额等于贷出的数额是办不到的。银行更不可能垫付大部分固定资本，固定资本的收回，比流动资本的收回要缓慢得多。要使债权人银行不吃亏，债务人应保留充分资本，足够保证债权人资本的安全，好几年后才能偿还的借款，不应该向银行借贷，而应以债券和抵押的方式向那些专以利息为生的私人借贷。银行，对于商人来说当然可以说是最方便的债权人，不过，这样的商人对于银行来说，却是最不方便的债务人。

苏格兰各银行所发行的纸币，等于或略超过国内流通所容纳的数额，已经有 25 年了。银行的帮助已经是尽了全力，可是商人们还认为不够，他们认为银行有义务设法为他们提供从事贸易的全部资本。但银行方面的意见不同。于是，在银行拒绝扩大信贷的时候，有些企业家想出了一个办法，就是众所周知的循环划汇。不幸的商人濒于破产的时候，往往采用这个办法。汇票到期，承兑人若不能立即付款，马上就算破产。于是持票人就向出票人索要付款。如果出票人也不能立即照付，也算破产。汇票在未到期以前，可能辗转几个人之手，或用于购货，或用于借款，这些人都要在汇票背面签名，也有对这汇票付款的责任，如果汇票到了他们面前，自己不能立即付款照付，也马上被宣告破产。假设爱丁堡商人甲，向伦敦商人乙开出一张汇票，限期为两个月，事实上，伦敦商人乙并不欠爱丁堡商人甲什么钱。但是他愿意承兑甲的汇票，因为双方协商的条件是在付款期限之前，乙也可以向甲开出一张汇票，数额相等，外加利息和佣金，限期也是两个月。所以，在两个月的限期未满以前，乙向甲出一张汇票，甲又在汇票到期以前，再向乙出第二张汇票。在第二张汇票未到期以前，乙再照样向甲出汇票，都以两个月为期。这样循环下去，乙向甲开出的一切汇票总是回到甲的手里，利息和佣金都积累在里面。利息每年5%，佣金每次至少0.5%。每年来往6次的话，佣金就要加6倍，所以靠这种办法筹款的甲，每年的费用至少也要8%。这就是所谓的循环划汇借款法。

爱丁堡的甲向伦敦的乙开出的汇票，经常在爱丁堡的银行贴现。乙随后向甲开出的汇票，也照样地在伦敦的银行贴现。贴现的汇票，固然到期都支付了，但是贴现第一张汇票而实际付出去了的价值，却永远没有实际归还贴现它的银行。所以，第一张汇票的兑付，全然是个名义。这种虚假的循环汇票，使银行金柜流出货币之后，一直没有流入来补还这项出流。

银行因贴现这些循环汇票而发行的纸币，往往超过了国内流通界应有的金银价值。过剩的部分会马上回到银行要求兑换。这是这些策划者挖空心思从银行弄来的资本，银行起初并未察觉，根本没有意识到曾贷给了他们这笔钱。当银行发现后开始对贴现提出较苛刻的条件时，这些策划者不仅惊慌，而且愤怒了。他们自己的困境无疑是银行方面的慎重和保守措施造成的，但他们把这困境说成是全国的困境，说完全是由于银行方面的无知和恶劣行为，他们想努力使国家臻于繁荣富强，而银行却吝于帮助。他们似乎认为银行有义务按照他们所希望的期限和利息借给他们资金。然而，要挽救银行自身的信用，挽救国家的信用，银行拒绝对借款已经过多的人继续放贷，是当时唯一可行的办法了。

在这一片喧嚣当中，一家新银行在苏格兰开设了，名为艾尔银行。这家银行无论就现金结算还是就贴现汇票来说，都比其他银行宽大得多。它几乎不问是真实汇票还是循环汇票，一律予以贴现。这银行曾明白宣布其宗旨说，只要有相当的保证，甚至很长时期才能偿还的资本，也可以全部向银行借贷。可是这家银行不久就陷入了困境，到不得不停业时，其发行出去的纸币，已近 20 万镑了。这些纸币，随时回来兑现，要支持这些纸币的流通，银行就不断向伦敦各银行开出汇票。到了银行倒闭的时候，汇票的总额超过了 60 万镑。这样，在两年多的时间里，这家银行所垫支的总价值就达 80 万镑以上，收取 5% 的利息。那 20 万镑纸币所收的 5% 的利息，可以算作纯利，除了管理费外没有其他扣除。但那 60 多万镑向伦敦开出的汇票的利息和佣金，却在 8% 以上。所以银行借出的金额，有 3/4 以上是要损失 3% 以上的。

这家银行曾给那些商人们以暂时的救济，但倒闭之后又使商人们陷入更深的债务。不过这家银行给予商人们的暂时的救济，结果却成为对苏格兰其他银行永久的救济。所有持有循环汇票的人纷纷涌向苏格兰其他银行。可见，这家银行经营的结果，加剧了它所要挽救的国家困难，却使它所要取而代之的竞争对手免除了一场大灾难。

在这家银行成立之初，有人认为，可以用借款人提供的担保品来筹集资金补充金柜，但不久经验就告诉了他们，远水救不了近火。即使这种办法能很快达到目的，仍然不能从发行的纸币的利息取得利润，因为纸币超过了国内流通领域所能吸收和使用的限度，谈判、订合同等所花的费用也全由银行承担。用这种方法补充金柜显然对银行有损无益。即使银行的计划成功，也丝毫不能增加国家的资本，而只是使大部分资本，从谨慎有利的事业上改投到不谨慎的无利益的事业上去。

英格兰银行是欧洲最大的银行，设立于1694年7月27日。当时它借给政府120万镑，年利8%。革命后建立起来的新政府的信用还很差，否则不会有这样高的利息。1697年，银行扩大资本，资本总额达2，201，171磅10先令。根据安妮女王七年第7号法令，银行贷给国库40万镑。1708年，政府信用已经跟私人一样了，因为政府能以6%的利息率贷到款，而这正是当时市场上法定的和普通的利息率。1709年和1710年，英格兰银行两次催收股款，结果银行资本达到5，559，995镑14先令8便士。根据乔治一世三年第8号法令，英格兰银行又吃进财政部证券200万镑，乔治一世八年，银行又购买南海公司股票400万镑。银行贷给政府的有息贷款，开始多于其资本，或者说，银行的不付股息的资本已多于要对股东付股息的资本了。银行支付的股息，有高有低，根据各时期银行对政府贷款的利息的高低以及其他情况为转移。贷款利率已由8%逐渐降为3%，近几年间常为5.5%。

政府稳定，英格兰银行也就保持稳定。它像是一个国家大机关，每年接受和支付公债利息的大部分，发行财政部证券，垫付好几年才能付清的税额，还贴现商人汇票。银行的活动增进国家的产业，不在于增加国家的资本，而在于使无用的资本变为生产性的资本。在国内流通的金银币，使国内土地和劳动的年产物能流通和分配给真正的消费者，但也是死的资财。而银行以纸币代替大部分的金银，则使国家能把大部分死资财变成积极的生产性的资本。但是，我们又必须承认，国内的工商业，虽然会有所增加，但并不安全。如果纸币管理不善，恐怕会发生无法避免的灾难。比方说，战争失败，敌军占领首都，维持纸币信用的金银也落入敌手。在这种情况下，通常的商业手段完全失去了价值，除了物物交换和赊购，就不能有所交易。

国内货物的流通，可分成两部分：商人彼此间的流通以及商人与消费者间的流通。商人彼此间流通的货物的价值，决不能超过商人和消费者间流通的货物的价值。商人彼此间的交易，一般是批发，需要有大量的货币。商人和消费者间的交易，往往是零售，小量货币就足够了。但小量货币流通得比大量货币快得多。由于流通速度更快，同一枚货币，作为消费者购买手段的次数，比作为商人购买手段的次数多得多。

如果纸币面额没有 10 镑以下的，像在伦敦那样，那么纸币的流通就只限于商人之间。如果消费者得到一张 10 镑的钞票，在第一次买东西的时候就必须先兑换这张钞票，所以在消费者把这张钞票用去一部分以前，钞票又回到商人手上去了。当纸币面额小到 20 先令时，像在苏格兰那样，纸币的流通范围就自然推广到商人与消费者间的交易了。

应该指出，如果纸币像在伦敦那样主要在商人间流通，市面上的金银就会保持充足。如果纸币的流通推广到商人与消费者间交易的大部分，市面上的金银就会被完全排斥，国内交易就会普遍用纸币进行。苏格兰禁止发行 10 先令和 5 先令的钞票，曾略微减轻了市面上金银缺乏的困难。

虽然银行发行钞票，只限于在商人之间流通的数额，但银行通过贴现汇票及现金结算，依然能够使大部分商人不必备有那么多的现金，来对付不时之需。银行依然能够对各种商人提供它们所能提供的最大帮助。

由信用可靠的人发行，随时都能无条件兑现的纸币，无论从哪方面说，它的价值都等于金银币，因为它随时可以交换金银。用这种纸币买卖东西，其价格一定像用金银买卖一样便宜。

有人说，纸币的增加由于增加了通货总量，必然降低全部通货价值，所以，一定会提高商品的货币价格。但是，有多少纸币加进流通中来，就有多少金银会被取走，所以，通货的总量不一定会增加。但是如果发行的纸币不能够立即兑现，或者要在若干年后才能兑现，而且目前不计利息，那么纸币当然要按照立即兑现的困难或不可靠性的大小而多少跌在金银价值之下。

数年前苏格兰各银行，常常在所发行的钞票上加印选择权条款。根据此条款，凡是持票要求兑换的人，或见票立即兑现，或见票6个月后兑现，但这6个月的法定利息，可由银行董事们决定。有些银行的董事利用这个条款，有时会威胁持大量钞票要求兑现的人，要他们满足于只兑现一部分，否则就要利用这条款。那时候，苏格兰的通货几乎全是这些银行发行的钞票，兑现的不确定性当然会使其价值跌在金银之下。在这条款实行期间，尤其是1762年、1763年和1764年，卡莱尔对伦敦实行平价汇兑，邓弗里斯距卡莱尔不到30英里，但对伦敦的汇兑，却往往贴4%。这是因为卡莱尔以金银兑付汇票，邓弗里斯则以苏格兰银行钞票兑付汇票。要兑换现金不一定有把握，和铸币比较，这钞票的价值就跌了4%。后来，国会禁止发行5先令、10先令的钞票，又规定钞票不得附加选择权条款，英格兰对苏格兰的汇兑才恢复自然汇率，即由贸易情况和汇兑情况自然形成的汇率。

约克郡的通货，规定要存满1基尼才可兑现，也使其价值跌在金银价值之下。北美的纸币，由政府发行，若干年才能兑现，使通货大大贬值。这样看来，殖民地以后发行的纸币，都不得定为法币才是最公正不过的。宾夕法尼亚对发行纸币往往比较谨慎，那里的纸币据说从来没有落到金银价值以下。殖民地可以用纸币来缴纳主要的赋税，这必然使其价值有所增长。

一国的君主，如果规定赋税中有某个部分必须用纸币缴纳，那么即使纸币什么时候兑现全凭他的意志而定，也一定能提高纸币的价格。发行纸币的银行，如果谨慎地使发行的纸币额不够应付需求，纸币价值将高于它的面值，或者说纸币在市场上所能买到的金银币，会超过票面所标志的数量。

虽然纸币价值会落在金银铸币价值之下，但金银价值不会因此而下落。银行发行钞票，如果节制在一定数目之下，而且可以随时无条件兑现，那么银行的营业就可以在其他方面任其自由而不致妨碍社会安全。总之，任何一种部门或分工如果对社会有益，就应当任其自由竞争，竞争越普遍，就越对社会有利。

第三章　论资本积累或论生产性和非生产性劳动

有一种劳动，投在劳动对象物上能增加价值；另一种劳动却不能够。前者因为可以生产价值，可称为生产性劳动。与其相对，后者可称为非生产性劳动。

社会上有些受尊敬人士的劳动，和仆人的劳动一样，不生产任何价值，既不固定在永久性物品或可出售商品上，也不能保存起来供日后获得等量劳动之用。例如，君主以及他的文武官员和海陆军，都是非生产性的劳动者。

生产性劳动者、非生产性劳动者以及根本不劳动者，同样都靠土地和劳动的年产物来维持。一切年产物都是生产性劳动的结果，维持生产性劳动的那部分产品决定下一年的产品。虽然无论在哪个国家土地和劳动的年产物，都是用来供国内居民消费，为国内居民提供收入的，但无论出自土地或出自生产性劳动者之手，它们都是一出来就自然分成两个部分。一部分，也往往是最大的一部分，用来补偿资本，补充从资本取出来的食物、材料和制成品；另一部分，则以利润形式作为资本所有者的收入，或以地租形式作为地主的收入。例如土地生产物，一部分用来补偿农场主的资本，另一部分用来支付利润作为资本所有者的收入，或支付地租作为地主的收入。

把资财的一部分用作资本的人，只用其来雇用生产性劳动者。这项资财起了提供资本的作用以后又构成生产性劳动者的收入。非生产性劳动者和根本不劳动者，都要靠收入来维持。所谓的收入可分为：一开始即指定作为某些人的地租收入或利润收入的那部分年产物；在年产物中又有一部分，原本是用来补偿资本和雇用生产性劳动者的，但到了他们手中后，超出维持必要的生活资料的那部分，他们往往不加区别地用来维持生产性劳动者和非生产性劳动者。例如，不仅是大地主和富商，就连普通工人，工资丰厚的话，也常常雇用家仆或偶尔看回木偶戏。

我们说过，由土地或生产性劳动者生产出来的年产物，一生产出来，就有一部分被指定作为补偿资本的基金，还有一部分作为地租或利润的收入。因此，随便在哪个国家，生产性劳动者与非生产性劳动者的比例，在很大程度上取决于这两个部分的比例，而且这比例，在贫国和富国又很不一样。例如现在欧洲的富国，土地生产物的一大部分往往用来补偿独立的农场主的资本，其余则用来支付他的利润与地主的地租。但在古代，年产物的很小一部分已经足够补偿耕作的资本。欧洲的富国，现在在商业和制造业上投入大量的资本。而在古代，商业很少，制造业不发达，只需极少的资本。

与贫国比较，富国用来补偿资本的那部分土地和劳动的年产物，当然要大得多。不仅如此，与直接构成地租和利润的部分比较，它在年产物中所占比例也大得多。这两种比例，在任何国家，都必然会决定其国民的性格是勤劳还是懒惰。和我们的祖先相比我们更勤劳，这是因为，和二三百年前比较，我们用来维持勤劳人民的基金，在比例上比用来维持懒惰人民的基金大得多。我们祖先，由于缺少对勤劳的充分奖励，所以懒惰了。在工商业城市，下层人民主要依靠资本的运用来维持，这些居民大都是勤劳的，例如英国和荷兰的大部分城市。在主要依靠宫廷驻节来维持的都市，人民的生计主要依靠收入的花费，这些人民大都是懒惰的、堕落的、贫穷的，例如罗马和凡尔赛。所以，无论在什么地方，资本与收入的比例，似乎都支配着勤劳与懒惰的比例。资本占优势的地方，勤劳就是主流；收入占优势的地方，懒惰则占上风。资本的每一次增减，自然会增加或减少实际的劳动量，增加或减少生产性劳动者的人数，从而增加或减少一国土地和劳动的年产物的交换价值，增加或减少一国人民的真实财富和收入。

资本增加，是由于节俭；资本减少，则由于浪费和措施不当。一个人节省了多少收入，就增加了多少资本。个人的资本，只能靠节省每年的收入或每年的收益而增加，由个人构成的社会的资本，也只能靠这个办法增加。

资本增加的直接原因是节俭，而不是勤劳。诚然，节俭所积累的东西，都是由勤劳得来的。但是如果只有勤劳，没有节俭、没有储存，资本绝不可能增大。节俭可增加维持生产性劳动者的基金，从而增加生产性劳动者的人数。因此，节俭会增加国家土地和劳动的年产物的交换价值。节俭推动了更大的劳动量；后者又增加了年产物的价值。

节俭的人，好像为维持生产性劳动者设置了一种永久性基金，将来随便什么时候，都可以维持同样多的生产性劳动者。而浪费者却不量入为出，蚕食了资本，使这种基金改为他用。由于雇用生产性劳动的基金减少了，所雇用的能增加产品价值的劳动量就减少了，因而全国土地和劳动的年生产物的价值就减少了，全国居民的真实财富和收入也减少了。浪费的人抢了勤劳者的面包来供养懒惰者，这不但会使自己沦为乞丐，而且会把国家也拖垮了。

假如非生产性劳动者没有消费他们那部分食物和衣服，而是分配给生产者，他们不仅可以再生产他们消费的全部价值，而且还可以提供利润了。同量的货币将依然留在国内，另外还再生产了一个同等价值的消费物品。此外，在年生产物日趋减少的国家，不可能长期保留这同量的货币，货币会流往国外。一个国家每年所使用的货币量，取决于每年在国内流通的消费品的价值。反过来说，一个国家的年产物增加了，货币量也自然会增加，货币会流往国内。所以，无论我们认为构成一个国家真实财富与收入的，是劳动和土地的年产物的价值，还是国内流通的贵金属数量——总之，无论就哪一个观点说，浪费都是公众的敌人，节俭都是社会的恩人。

措施不当的结果和浪费是一样的。农业、矿业、渔业、商业和工业上一切不谨慎的、无成功希望的计划，都会同样减少维持生产性劳动的基金。就浪费而言，虽然每个人都不免时时有浪费的欲望，并且有一种人是无时不有这种欲望，但一般说来，在大多数人生命的过程中，节俭的心理常常占优势，而且占很大优势。就措施不当来说，无论什么地方，慎重的和成功的事业总是占多数，不慎重、不成功的事业，总是占少数。

地大物博的国家，虽然不会因为私人的浪费妄为而贫穷，但政府的浪费妄为，有时却可以使国家陷入穷困。然而，经验告诉我们，个人的节俭慎重，在大多数时候，似乎不仅可以补偿个人的浪费妄为，而且可以补偿政府的浪费。每个人改善自身状况的一致的、经常的、不断的努力是社会财富和私人财富产生的重大动力。它常常强大得足以战胜政府的浪费和挽救行政的失误，维持事情日趋改善的进程。

增加土地和劳动的年产物的价值，只有两个选择：一是增加生产性劳动者的数目；一是提高劳动者的生产力。很明显，要增加生产性劳动者的数目，必须先增加资本，增加维持生产性劳动者的基金。因此，如果比较一个国家的前后两个时期，发现后一时期的土地和劳动的年产物比前一时期增加了，土地耕种进步了，工业扩大了，商业推广了，我们就可以断言，在这两个时期之间，国家的资本必定增加了，人民的节俭慎重所增加的资本数额，一定是多于另一部分人的妄为和政府的浪费所侵蚀了的资本数额。几乎所有国家在和平年代都是这样。例如，和一百年前查理二世复辟时相比，现在英格兰土地和劳动的年产物，当然是多得多了。和二百年前伊丽莎白即位时相比，查理二世复辟时代英格兰的年产物，肯定也多出许多。然而，在每一个时期中，不仅私人和政府都有很多浪费，而且还发生了许多耗费巨大的不必要的战争，在一片混乱之中的时候，对资本的破坏和浪费，不但会妨碍财富的自然积累，而且会使国家在这个时期之末陷于更为贫困的境地。一方面虽然有政府的横征暴敛，但另一方面，却有无数个人在不动声色地一点一滴地靠节俭和慎重把资本积累起来。正是这种努力，维持了英格兰在过去一切时代日趋富裕和改善的脚步。可是，英格兰从来没有过节俭的政府，其居民也没有节俭的特性。王公大臣们无一例外是社会上最奢侈浪费的阶级。让他们好好注意自己的费用就行了，人民完全可以管好自己的费用。如果他们的浪费不会使国家灭亡，人民的浪费就更谈不上了。

假设有甲乙两个财产相等的富人，甲的大部分收入，用于挥霍的宴席和大量的家仆等，乙则用其大部分收入来装饰住宅和购买家具字画等东西，那么，把钱花在耐用品上的人会不断改进生活质量。而前者，即把钱花在享用品上的人，10 年或 20 年浪费的结果只是落得两手空空。这对一国国民财富也是一样。把收入花费在耐久品上，不仅更有利于积累，而且有利于养成节俭的民风。如果一个人突然大大减少家仆，吃饭也不再铺张，难免被邻居看见，这就好像是意味着自己承认以前行为的错误。所以，以前大手大脚的人，很少有改变习惯的勇气。反之，如果一个人在装饰房屋、购买家具字画等方面觉得财力不济，他就可以立即改变习惯。在别人看来，他改变的原因，似乎不是财力不济，而是心愿已经达成了。

何况，花在耐用品上的开销，能比用在奢侈的款待上的开销维持更多的人。有的大型宴会要用去二三百斤粮食，其中也许有一半被倒进粪堆了，浪费极大。如果这笔宴会的费用，用来雇用泥瓦匠、木匠、机械工等，那么花费粮食的价值虽然相等，所供养的人数却更多。此外，后者用以维持生产者，能增加一国土地和劳动的年产物的交换价值；前者则用以维持不生产者，不能增加一国土地和劳动的年产物的交换价值。

第四章　论贷出取息的资财

贷出以收取利息的资财，贷款人总是将其看作资本。贷款人希望贷款期满回收资本的同时，借款人付给他一定的年租作为使用资本的代价。这种资财在借款人手里，可以用作资本，也可以用作目前消费的资财。

但用于前者比用于后者的情况要多。借款用来挥霍的，不久就会潦倒破产，贷款人一般都会后悔当初借款给他。在借款人当中，节俭和勤劳的，相对于浪费和懒惰的人还是占多数。

用于收取利息的贷款，大都是用货币支付的，但借款人所需要的，贷款人所提供的，实际上不是货币本身而是货币的价值，也就是货币所能购买的货物。因此，货币只是充当各种借贷的手段。一个国家能有多少资财用来贷出以收取利息，并不受货币价值的支配，而受特定的那部分年产物价值的支配。这部分年产物一经生产出来后，即被指定作资本用，同时其所有人又无意亲自使用，因而借给别人，构成所谓的货币的权益。这样贷出取息的资本量，和作为转让手段的货币的数量相比，不知要多多少倍。同一枚铸币或同一张纸币，可以先后多次用来购买东西，或充当贷款。货币与实际让予的东西，即本金或利息，是完全不同的。

如果资财增加了，贷出以收取利息的资财，也要逐渐变得越来越多。贷出取息的资财增加了，使用这种资财所必须支付的价格即利息也就必然下降。一个原因是使市场价格随商品数量增加而下降的一般原因，另一个特殊的原因是一国的资本增加了，资本之间产生了竞争，投资的利润必然就减少了。

在西班牙属西印度群岛尚未发现以前，欧洲大部分地区的普通利息率似乎为10%。从那时起，各国的普通利息率，已降为6%、5%、4%，甚至3%。假设每个国家银价下降的比例，刚好等于利息率下降的比例，比方说，在利息率由10%减至5%的国家，等量的银现在所能购买的货物只等于从前的一半。根据这个假设我们不能说，银价的下降丝毫有降低利息率的最小趋势。因为，如果现在100镑的价值仅等于从前50镑的价值，那现在10镑的价值也就只等于从前5镑的价值。使资本价值下降的原因无论是什么，也必然会使利息的价值下降，且下降比例一模一样。反过来，如果利息率改变了，这两个价值之间的比例也一定要变。如果现在100镑的价值，只等于从前50镑的价值，那么现在5镑的价值，也只等于从前2.5镑的价值。所以，把利息率由10%减至5%，那么对于使用只有过去一半价值的资本所付的利息，就只有过去利息价值的1/4了。

白银量的增加，只会降低银的价值，没有别的后果。各种商品的名义价值，都会增大，但他们的实际价值依旧保持不变，它们所能支配的劳动量，所能维持的劳动者人数依旧不变。所以，生产性劳动的价格或工资，名义上增大了，实际上却没有变。资本利润，无论名义还是实际上，都没有变。因此，资本对利润的普通比例依旧不变，而货币的普通利息也保持不变。使用货币一般所能支付的利息，必须受使用货币一般所能获得的利润的支配。

另一方面，如果国内流通界货币量保持不变，国内每年流通的商品量的增加，除了提高货币的价值以外，还会引起许多别的重要后果。这时，国家的资本名义上不变，实际上却增加了，能支配较大的劳动量。资本间的竞争自然会随着增加，资本的利润便会减少，货币的利息也会大减。

有些国家的法律禁止收取货币的利息，这只会助长高利贷的进行。债务人不但要支付使用资本的代价，还要补偿债权人所担的风险。在允许收取利息的国家，法律往往规定合法的最高利息率。最高利息率，应略高于最低市场利息率，即那些能够提供绝对可靠担保的借款人借用货币时通常所付的价格。必须指出，法定利息率也不应高得过多。否则的话，大部分贷款会落到浪费者和投机家手里，因为只有他们愿意出这样高的利息。应该指出，土地的普通市场价格取决于普通市场利息率。不愿亲自使用资本但希望从中得到收入的人，总是再三盘算究竟把资本用来购买土地好，还是把它贷出取息好。土地财产比较稳当可靠，贷出取息虽然所得会更多，但他通常却宁愿购买土地而只得较小的收入。如果土地地租远远低于货币利息，那谁也不愿购买土地，土地的普通价格就必然会下降。在利息率为10%时，土地售价常常为年租的10倍或12倍。利息率减至6%、5%、4%时，土地售价就上升到年租的20倍、25倍，甚至30倍。

第五章　论资本的各种用途

一切资本虽然都是用来维持生产性劳动的，但等量资本所能推动的生产性劳动量，随资本用途的不同而大不相同，从而对一个国家土地和劳动的年产物所能增加的价值，也极不相同。

资本有四种不同的用途。第一，用来购买社会每年使用和消费的天然产物；第二，用来制造天然产物，使之适合于目前的使用和消费；第三，把天然产物或其制造品，从有余的地方运输到缺乏的地方；第四，用来把天然产物或制造品分割成较小的部分，以适应需要者的临时需求。第一种用途是从事农业、矿业、渔业的人的资本；第二种用途是制造者的资本；第三种用途是批发商的资本；第四种用途是零售商的资本。这四种用途关系密切，少了任何一种，其他三种都不能独立存在和发展，对全社会的福利来说也是缺一不可的。

一个贫穷的劳动者如果要一次购买一个月或半年的食物，那他的资本就有一大部分不得不改作目前消费，本来能提供收入的资本不得不变作不能提供收入的。对他来说，最方便的办法是在需要生活资料的时候，能够按天购买，甚至按小时购买。这样他就几乎可以把全部资财用作资本了。于是他所提供的工作的价值扩大了，而他所获得的利润，将足以抵消零售商的利润对货物价格所增加的数目。零售商的众多，虽然相互间也许有利害冲突，但对社会却毫无妨害。所以，不需要向他们征税，或限制他们的人数。

把资本投在这四种用途上的人，都是生产性劳动者，农场主、制造者、批发商、零售商的利润，都来自前两者所生产及后两者所售卖的商品的价格。但是，各自投在这四种用途的资本虽相等，但因用途不同，等量资本所直接推动的生产性劳动量就不一样，从而，对于土地和劳动的年产物所增加的价值的比例也不一样。零售商的资本，只直接雇用了他自己，他自己就是受雇的唯一的生产性劳动者，对土地和劳动的年产物所增加的价值，只是他自己的利润。

批发商的资本，还雇用了运输货物的水手和搬运工。所以它对于商品价格所增加的，不仅是批发商自己的利润，还包括水手和搬运工的工资。制造者的资本，有一部分用作固定资本投在工具上，流动资本有一部分用来购买材料，但其大部分是分配给他所雇用的工人的。所以，他的资本对所加工的材料所增加的价值，包括雇工的工资，和雇主投资支付工资和购买材料工具应得的利润。所以，与批发商的等量资本比较，他的资本所直接推动的生产性劳动量大多了。农场主的资本所能推动的生产性劳动量最大。他的工人和牲畜都是生产性劳动者，他们除了再生产农场主的资本及利润外，通常还要再生产地主的地租。在各种资本用途中，农业投资最有利于社会。

投在农业和零售业上的资本，总是留在本社会内；批发商人的资本，却似乎不固定或停留在什么地方；制造者的资本，当然要停留在制造的场所。但在什么地方制造，似乎也没有确定的必要。投资于国内剩余产物输出的批发商，是本国人还是外国人并不重要；重要的是，制造者的资本应该留在国内。如果这样的话，能推动本国更多的生产性劳动量，本国土地和劳动的年产物也能增加更多的价值。

像个人一样，一个国家可能往往没有足够的资本既改良和耕种一切土地，又加工全部天然产物用于直接的消费，还把剩余的制造品输出以换取国内需要的物品。苏格兰南部的羊毛，大部分因为当地缺乏资本，不得不经过长途跋涉运到约克郡去加工。在这种情况下，投在农业上的部分越大，所推动的国内的生产性劳动量也越大；同时社会土地和劳动的年产物所增加的价值也越大。除了农业，制造业次之。投在出口贸易上的资本在三者中效果最小。英属美洲殖民地迅速地富强起来，主要原因就是几乎把所有的资本都投在农业上。那里除了粗糙的家庭制造业几乎没有像样的制造业，出口和航运则大部分由住在英国的商人投资经营。根据所有的记载，中国、古埃及、古印度被认为是世界上最富有的三个国家，也是主要以农业和制造业著称，他们的对外贸易并不发达。

这样，同一资本在国内所推动的劳动量有多有少，所增加的土地和劳动的年产物价值有大有小，取决于它投在农业、工业、批发业上的不同比例。一切批发贸易可分为三类：国内贸易、消费品的对外贸易和转口贸易。当投资国内贸易的时候，购买国内一个地方的商品运往另一地方售卖，往返一次可以补偿投在农业或制造业上的两个本国资本。国内消费的外国商品如果是用本国的商品来购买，投在这种对外贸易上的资本，往返一次也能偿还两个不同的资本，不过其中只有一个是用来维持本国产业的。例如，把英国货物运到葡萄牙，再把葡萄牙货物运至英国的资本，往返一次只补偿一个英国资本，另一个是葡萄牙的。所以，即使对外贸易能像国内贸易一样迅速地收回本利，投在此种贸易上的资本，也只能鼓励一半的本国产业。但是，对外贸易很少能像国内贸易那么快地赚回本利。国内消费的外国货物，有时不是用本国产品购买的，而是用外国商品购买的。所以，用于这种迂回的消费品对外贸易的资本，和用于最直接的消费品对外贸易的资本效果一样，除了它最后的收回所需的时间稍长一点。所以，和直接的消费品对外贸易相比，投在迂回的消费品对外贸易上的等量资本，对于本国生产性劳动所提供的鼓励与扶持往往要少些。投在转口贸易上的资本，操作一次可偿还两个资本，但没有一个是属于本国的。从波兰运谷物到葡萄牙、再把葡萄牙的水果和葡萄酒运到波兰的荷兰商人的资本，的确偿还了两个资本，但没有一个是用来维持荷兰的生产性劳动的。只有荷兰商人的利润回到荷兰，构成荷兰土地和劳动的年产物的增加额。

这样，投在国内贸易上的资本与投在消费品对外贸易上的等量资本比较，所维持和鼓励的本国生产性劳动量更大，后者又比投在转口贸易上的资本支持更多的生产性劳动量。一个国家的富强，一定总是与其年产物价值成比例的。所以，为了国家的富强，不应奖励消费品对外贸易或转口贸易，不应强制也不应诱使大部分资本流到消费品对外贸易或转口贸易方面去。但是，如果这三种贸易，是顺应事物的趋势自然发展起来的，那么，无论哪一种，不仅是有利的而且是必须的和不可避免的。

在某个产业部门的产品超过了本国需要的时候，其剩余部分就必然被送往国外以交换国内需要的产品。用本国剩余产品购买来的外国商品，如果也超过了国内市场的需求，其剩余部分必须再次运往国外，以交换国内需要的别的商品。

如果一国积累的资本，多得不能全部用来供给本国消费和维持本国的生产性劳动，则其剩余部分自然会流入转口贸易渠道，为外国提供消费和维持外国的生产性劳动。转口贸易是巨大的国民财富的自然结果与象征，但不是国民财富的自然原因。就土地面积和人口来说，荷兰是欧洲最富的国家，所以占有了欧洲转口贸易的最大份额。转口贸易所交换的，是世界各国的剩余生产物。所以，其交易范围必然受世界各国剩余生产物的价值的限制。因此与其他两种贸易相比，它可能交易的范围几乎是没有止境的，它所能吸引的资本也是最大的。

在农业利润最大、耕作最易致富的国家，个人的资本自然会投在对社会最有利的用途上。可是在欧洲，投资于农业所获得的利润并不见得比别的用途更为优越。我们常常看见一些白手起家的人，从小小的资本开始经营数十年制造业或商业，而成为了富翁。然而，一个世纪以来，用少量资本经营农业而发财的例子，在欧洲几乎一个没有。在欧洲的各个大国，仍有许多无人耕种的优良土地。所以，任何一个地方的农业，都有潜力容纳比以往更多的资本。

第三篇

论各国财富的不同增长

第一章　论财富的自然增长

文明社会最主要的商业，是城市居民与乡村居民之间的通商。乡村以生活资料及制造业原材料供给城市，城市则以一部分制造品供给乡村居民。他们有相互的利害关系，分工的结果对双方从事各种职业的居民也都是有利的。城市的居民越多，其居民的收入越大，农村剩余产品的市场就越广阔，从而对广大人民就越有利。从来没有人敢说城乡通商对城市或对乡村是有害的。

按照事物的性质，生活资料要在便利品和奢侈品之前，所以，生产前者的产业，也必然先于生产后者的产业。提供生活资料的乡村的耕种和改良，必然先于只提供奢侈品和便利品的城市的发展。诚然，城市的生活资料不一定要仰仗附近的乡村，甚至不一定要局限于国内的乡村，可以从远方进口，但是，这一例外却使不同时代不同国家进步繁荣的过程有着巨大的差异。

在大多数国家，这种事物的性质是有必要性的，人类的天性又促成了它的实现。如果利润相等或大致相等，大多数人宁愿投资改良和开垦土地，而不愿意投资制造业及对外贸易。商人的资本容易遭遇意外，常常要冒狂风巨浪的危险；而地主的资本，却固定在土地上，可以说是再安全不过了。在人类存在的一切阶段，这个原始的产业受到了人类一如既往的爱好。

没有工匠的帮助，土地的耕种就不顺利，铁匠、木匠、犁匠、砖匠、鞋匠和裁缝等，自然而然地聚居在一起，结果就形成了一种小镇或村落。后来，又有屠户、酿酒师、面包师，以及许多其他工匠及零售商加入，于是圈子日益扩大起来。如果制度不扰乱事物的自然倾向，那在任何政治社会里，城市财富的增长与规模的扩大，都是乡村耕种及改良的结果，而且按照乡村耕种及改良发展的比例而增长。

在北美殖民地，当一个工匠获得的资本充足并且有余时，他不会想办一家工厂来扩大生意销往远方，他宁愿用多余的资财来购买或改良土地。他由工匠变为了农场主，当地的高昂工资，提供给工匠的舒适生活，都不足以使他动心为他人工作，他情愿为自己工作。

在利润相等或大致相等的条件下，人们选择投资途径时，宁愿选择制造业而不看好对外贸易业，理由正如在农业与制造业中，人们宁愿选择农业一样。与制造商的资本比较，地主的资本更为稳定。同样地，与对外贸易的资本相比，制造商的资本更为安全。

所以，按照事物的自然倾向，处于进步中的社会的资本，首先大部分投在农业上，其次投在制造业上，最后投在对外贸易上，这种顺序是极自然的。但是欧洲各国的现状，这个顺序却有许多方面似乎完全颠倒过来了。它们的精细制造业或销往远方的制造业，多由对外贸易引进。农业的大面积改良，也是制造业和对外贸易产生的结果。而这种反自然的退步的顺序，是由原来的统治所引进的风俗习惯造成的。

第二章　论罗马帝国衰落后农业在欧洲旧状态下受到的抑制

日耳曼民族和塞西亚民族侵略罗马帝国以后，曾经一度富裕的西欧，城市变成了荒墟，乡村无人耕作，一切土地都被吞并了，其中大部分被少数大地主所独占了。

这些土地本来可以分割成再小的部分，但长子继承法，使土地不能因继承而被分割；限嗣继承法又使土地不能因转让而分割。长子继承法的出现是因为每个大地主都是一个小君主，其地产是否安全，居民有无保障，都取决于地产的大小。分割一个地产无异于把它拆开破坏，使各部分都容易受敌人的侵蚀和吞并。所以，为了不至于削弱实力，必须在儿女中选择一个人来完整地单独继承。一般经验认为，男性比女性好，而其他一切条件相等的话，年长的比年幼的好。长子继承法，就这样产生了，直系继承，也从此产生了。限嗣继承法是长子继承法实施的自然结果。它的采用，旨在维护由长子继承法引导出来的直系继承，以及防止由于子孙不肖或遭遇不幸，一部分遗产通过赠与、遗让或割让名义落入旁系手中的危险。

在这种情况下，大片的荒地不仅被豪门望族兼并，而且再也没有重新分割的可能。事实上，大地主往往不是大改良家。在产生这种制度的动乱年代，他们实在没有闲情逸致来开垦和改良土地，甚至也没有这种意愿，并且常常没有必要的财力。如果他颇有一点经济头脑，那么他通常会感觉，与其用一年的积蓄来购买未改良的土地，不如用来购买新的地产合算。如果不能希望从这样的大地主得到一些对土地的改良，那么那些占有土地比他们少的人，就更不用指望了。在欧洲旧状态下，他们几乎全是奴隶，只不过比古希腊和罗马的奴隶好过一些。他们可以和土地一同出卖，但不得拥有财产。一切都是为了主人的利益，他们除了日常生活资料，什么也得不到。虽然表面上看来，奴隶劳动只需维持他们生活的费用，但全盘计算起来，其代价是任何劳动中最昂贵的。一个不能拥有任何财产的人，除了尽量多吃点、干活尽量少一点之外，别的什么也不关心。他的工作够维持生活就行了，要从他身上多榨出一些来，就只有靠强迫，靠他自己的利益驱使绝不可能。普林尼和科卢麦拉的著作都提到过，古意大利的谷物耕种，在奴隶制度下非常衰微，对主人非常不利。

继古代奴隶之后，逐渐出现了一种称作分益佃农的农民，在拉丁文中叫作 Coloni Partarii（分益隶农）。在英国，这种制度早已废止，所以在英文中，我现在不知道他们叫作什么。在这种制度下，耕作所需要的全部资本，都由地主提供，产品在扣除了维持原资本所需要的部分后，其余的就在地主和农民之间平分。他们和奴隶有一个根本不同之处：佃农是自由人，能够占有财产，可以享有土地生产物的一定比例。生产总额越大，他所占有的部分也越大。他们的利益显然在于能生产多少就生产多少。反之，一个不可能拥有财产的奴隶，只想着贪图安逸，不想使土地生产物多于维持自己的需要。不过，即使在这种制度下，土地仍然不能得到大的改良。地主不费分文就可以享受土地生产物的一半，佃农从另一半里所能节省的更是有限，所以佃农不愿用这么有限的资财来改良土地。用地主提供的资本，从土地尽量取得最大量的生产物，当然是合乎佃农利益的，但如果把自己的资本与地主的资本混在一起来改良土地，却绝非是佃农所愿意的。佃农之后继起的农民，可以说才是真正的农民。他们耕种的资本是自己的，要向地主缴纳一定数额的地租。他们有时觉得，投入一部分资本改良土地对自己是有利益的。因为他们希望，在租期未满以前，可以收回资本并获得很大的利润。不过，就连这种农民的土地使用权，在长时期内也是极不可靠的。即使租期未满，土地的新主人也可以把农民赶走而不算违法。如果地主使用违法的暴力手段驱逐农民，农民要求获取赔偿的诉讼程序，也是极不完善的。

农民对于地主，除了缴纳地租，历来还必须提供各种劳役的义务。这些劳役，既不明确规定在租约里，也没有任何明文规定，只要地主需要，就得随叫随到。这种完全随意规定的劳役，使农民不知吃了多少苦头。农民的公共劳役也和私人劳役同样的残酷，例如公路的建筑修补和粮食征购的压迫。

农民所负担的纳税义务，其随意和残酷的程度也和劳役义务不相上下。古时候的贵族，虽不愿在金钱方面给君主以任何援助，却听任君主对农民征收所谓的贡税。他们没有预见到，这种税到头来是何等严重地影响了他们自身的收入。贡税是对于假定的农民的利润所征收的一种税，根据农民投在土地上的资本来评估。所以，农民从自身利益出发，就尽可能装穷，结果他所用的资本就减到了尽可能少的程度，改良土地的资本，几乎没有了。即使一个法国农民手中积蓄了一点资本，也会因为贡税的原因而不愿投到土地上来。贡税事实上几乎等于禁止农民投资改良土地。此外，贡税被认为会降低缴纳人的身份，使其地位降到乡绅与市民之下，而谁租借别人的土地，谁就要缴纳这种税。绅士，甚至任何一个有资产的市民，都不愿蒙受这种耻辱。所以，这种赋税的结果，不仅使从土地上积累起来的资本不用来改良土地，而且使一切资本都不用来改良土地。

除了上述一切，古代欧洲的政策，历来就存在着不利于土地改良的地方：第一，未经特许，谷物输出一律禁止；第二，限制谷物甚至各种农产品的内地贸易，实行反垄断、反收购、反囤积的荒谬法令，确立集市市场的特权。上文曾提到过，古意大利土地非常肥沃，又是世界最大帝国的中心，然而其农业的发展，因禁止谷物输出和限制国内贸易而受到诸多阻碍。

第三章　论罗马帝国衰落后城市的兴起与发展

罗马帝国衰落后，城市居民的境况并不比乡村居民好。不过，那时候城市中的居民和古代希腊共和国以及意大利共和国的居民大不一样。在后者境内，地主占居民中的多数。但罗马帝国衰落后，城市的居民大都是商人和技工。他们处于一种奴隶或近似于奴隶的地位。

但是城市居民的处境，无论当时是多么的卑贱，与乡村劳动者比起来，他们取得自由与独立要早得多。城市居民的人头税，是国王收入的一部分，这一部分收入多由国王制定税额，在一定年限内包给该市行政长官或其他人征收。但市民自己往往也可以取得这样的信用，允许他们承包本市税收，于是就对全部税额联合负责。这种包税办法，对于欧洲各国国王的一般经济是十分合适的，因为他们常常把庄园全部的税收交给庄园全体佃农包办，使他们对全部税收负连带责任。这种办法，对佃农也有利。他们可以按照自己的方式征收赋税，并通过自己的官员之手将税款上交国库，而不必再受国王的官吏的凌辱了。随着这种权力一同赐给一般市民的，还有种种重要的特权，如嫁女自由权、儿女继承权与遗嘱处理权。无论如何，贱民及奴隶地位的主要属性，就这样从他们身上解除了，至少他们是自由了。

市税由市民包办的城市，不能不给它们以某种司法权来强迫市民纳税。在当时国家动荡的情况下，如果要他们到别的法庭请求这种判决，肯定是极其困难的。但很奇怪，欧洲各国君主竟然放弃自然增加的税收，在他们领土的中心建立一种独立的共和国。

要理解这一点必须知道，领主们是鄙视市民的，市民的富裕，常常使领主嫉妒愤怒，一有机会就毫不留情地加以压迫掠夺。市民当然痛恨领主和畏惧领主。国王也畏惧领主和嫉恨领主。另一方面，国王虽然也鄙视市民，但没有嫉恨和畏惧他们的理由。所以，共同的利益使国王和市民结为同盟，共同抵制领主。国王给予市民权力推举市长，制定法规，建造城墙自卫，进行军事训练等，就这样尽可能地把一切保证安全和独立于领主的手段给予市民。至于把市税永久包给他们，则是为了表明结盟的诚意，不必怀疑他将来会再压迫他们，或把税额提高，或把税承包给别人。所以，与领主最不和的国王，对于给予市民这种特权却往往最为慷慨。例如英格兰国王约翰，对他的城市就毫不吝啬。

城市民兵的力量，当时似乎不亚于乡村民兵，一旦发生情况可以迅速集合起来，所以与当地领主发生争执时，占优势的常常是他们。像意大利和瑞士等国家，由于各个城市离首府所在地很远，或由于本身的天然力量，它们大都战胜了当地贵族并逐渐成为独立的民主社会。

在英国和法国，国王的权威有时甚为衰微，国王如果不经过市民同意，就不能征收赋税。国王急需援助的话，就通知全国各地区派遣代表出席国会。由于市民代表大都是拥护国王的，国王有时会利用他们来抵抗大领主的权力。这就是市民代表出席欧洲各大君主国的国会的起源。

就在这种状态下，秩序和良好的政府以及个人的自由和安全，在各个城市建立起来了。由于城市的安全性较好，那里的产业就发展得比乡村好得多，资本积累也早得多。城市居民的生活资料和生产原料，归根到底都是从农村获得的。但海岸或河岸附近的城市居民，却不一定只从邻近的农村得到这些物品。他们有更大的活动范围。在欧洲，最早由商业致富的城市是在意大利。意大利当时处于世界文明和进步的中心。"十字军"虽然破坏了许多资财，妨碍了欧洲大部分地区的发展，但却非常有利于意大利某些城市的发展。为争夺圣地从各地出发的大军，对于威尼斯、热那亚和比萨各市的航海业，给予了极大的鼓励。

商业城市的居民往往从富国进口制造品和奢侈品，以满足大富豪的虚荣心，并以大量的本国土产来交换。因此，当时大部分欧洲商业都是以本国土产交换比较文明的国家的制造品。英格兰的羊毛常拿来与法国的葡萄酒及弗兰德的精制呢绒交换；波兰的谷物常拿来与法国的葡萄酒及意大利的丝绒交换。商人为了节省运费，自然会想在本国建立同类的制造业。这就是罗马帝国衰落后西欧各地为销往远方而建立的制造业的由来。

各国为销往远方而建立的制造业，有两种不同的产生方式。第一种是国内商人和企业家仿效外国某种制造业来投资引进的。像这样的制造业是对外通商的结果。例如 13 世纪盛行于卢卡的绸缎制造业、丝绒制造业和制锦缎造业。因为是仿效外国，所以大都使用外国原料。第二种是自然而然地由粗糙的家庭制造业逐渐改良而成的。这种逐渐改良而来的制造业，大都使用本国出产的材料；这些材料最初往往是在远离海岸甚至离通航的水路也很远的内陆国家加工的。因陆运费用太贵，水运又不方便，那里的剩余产品难以运往外地。同时物价低廉也鼓励大量的工人定居当地。他们把材料加工后，以制成品的价格，交换更多的材料和食物。由于节省了由内地到沿河沿海各地或遥远市场的运费，从而给产品的剩余部分增加了一个新的价值。这就鼓励农民并使农民有能力进一步改良土地，以增加这种剩余产品。土地肥沃，产生了制造业；而制造业的发展，又反过来提高了土地的生产力。制造业最初只是供应当地及其附近地区的，后来产品精致了，便开始供应远方的市场。因为，粗糙的制造品很难负担长途陆运的费用，而精良的制造品却没有这种困难。

第四章　城市商业对乡村改良的贡献

工商业城市的增加与富裕，会促进附近的乡村的改良与开发，主要有三种途径。

第一，城市为乡村的天然产物提供了一个巨大而方便的市场，从而鼓励了乡村农村的进一步开发与改进。第二，城市居民所获得的财富，常常用来购买待售的土地，其中很大一部分是未开垦的土地，他们往往是最好的土地改良者。商人往往是勇敢的实干家，如果他觉得投入大量资本来改良土地，有希望按照支出比例增大它的价值，他就会毫不犹豫地去做。此外，商人由经商而养成的讲秩序、重节省、谨慎等习惯，也使他更适合于进行土地上的改良并成功获利。第三，工商业的发达，逐渐使农村居民有了秩序和良好的政府，也带来了个人的安全和自由。

在既没有对外贸易又没有精良制造业的乡村，一个大地主所剩余的大部分土地产物，没有什么可以交换的，就索性把它都花费在款待宾客上。所以，他的周围常常有成群的仆人和依附者。在欧洲工商业尚未繁荣以前，上自国王，下至小领主的富人们待客的阔绰，都超出我们的想象。波科克[①]博士说曾看见一个阿拉伯酋长，当街宴请所有的行人，连普通的乞丐也不例外。耕种土地的人在各方面都依赖大地主，而占有仅够维持一家生活的土地的可随意令其退租的佃农，无条件地服从地主，与他的仆人完全一样。

在这种情况下，一切古代贵族权力的基础，就是大地主对于其佃农和仆人的权威。他们在平时是居民的审判人，在战时是居民的领导人。他们有率领境内居民抵抗不法之徒的权力，所以成了治安的维持者和法律的执行者。国王却没有这样的权威。在古代，国王不过是国内最大的地主，其他地主，只是为了防御共同敌人才给他一定程度的尊敬。他不得不将大部分司法权交给执行法律的人，不得不把民兵的指挥权交给有能力统辖民兵的人。后来封建法律的推行，其目的绝不是扩大封建地主的权力，只是想把他们的权力缩小。自国王以下直到最小的地主，都由封建法律制定隶属关系，各有各的职责和义务。封建等级制度建立了，但国王仍然不能约束大地主的地方势力。他们相互间彼此作战，甚至常常对国王作战。广大的乡村还是一片暴力和混乱的景象。

然而，封建制度凭一切强制力量所办不到的事，却由对外商业和制造业潜移默化地逐渐实现了。对外商业与制造业的兴起，使大地主可以把土地的全部剩余产品拿来交换。交换得来的物品，无须与佃农和仆人共享而完全供自己消费。完全为自己不为他人，这似乎是所有时代的主子们所推崇的可鄙格言。所以他们一旦找到了自

① 里查德·波科克，“东方素描”，1743年。

己来消费地租的全部价值的方法之后，他们就不愿再和别人共同享受这价值了。他们就宁愿把足以维持 1000 人一年的生活资料，用来换取一对钻石纽扣或其他同样无用的东西，同时也把这些生活资料所能带给他们的权威一起舍弃了。但钻石纽扣是由他自己独享的，按照以前的花费方式，他至少要与 1000 人共享，这个区别是非常明显的。于是，为了满足最幼稚最可鄙的虚荣心，他们终于完全把权威拿来做交易。

现在的欧洲，一个富人总的来说维持了相当于一个古代贵族所维持的同样数量的人，但他只对每个人的一小部分维持费做出了贡献，他们的生活都不一定要他来维持，所以，对于富人来说他们就多少是独立自主的了。为了应付新的开支，大地主所养活的门客，就要逐渐遣散以致全部打发掉。同样的理由，不必要的佃农也非逐渐打发不可，那就要满足他们的条件——延长租约。这就是长期租约的起源。

佃农在租期延长后，简直就是独立自主的了。除了按照租约的规定或国家法律的规定，地主不能指望从他那里得到任何服务或劳役。佃农已经独立，门客又已经打发掉，大地主就不能再干涉法律的正常执行，不能再扰乱地方的治安了。他们与生俱来的权力既然已经卖掉，因此，他们就像城市中的任何殷实市民或商人一样无足轻重了。

对于公共福利至关重要的革命，就这样由两个全然不顾公众幸福的阶级来完成了。满足最幼稚的虚荣心，是大地主的唯一动机。至于商人和工匠，也只是为了一己的私利而忙碌。大地主的愚昧和商人工匠的勤劳，终于把这次革命逐渐完成了，但他们对于这次革命却既不了解也没有预见到。因此，在欧洲大部分地方，城市工商业是乡村改良与开发的原因，而不是它的结果。

但是，这种违反自然趋势的发展，当然是迟缓和不确定的。比较一下以工商业为国家富裕基础的欧洲各国的缓慢进步，与以农业为富裕基础的北美殖民地的迅速发展就知道了。欧洲大部分地方，居民人数在将近500年中没有增加1倍；而北美殖民地有些地区，20年或25年就增加了1倍。

英国因为海岸线与全国面积相比特别长，又因为有许多可以通航的河流使内陆各地有了水运的便利。所以，与欧洲任何大国比较，都同样适宜对外通商，同样适宜经营销往远方的制造业，以及这些所能引起的种种改良。自伊丽莎白即位以来，英国立法都特别注重工商业的利益。所以，英国工商业就在这整个时期内不断地发展起来。无疑农村的开发与改良，也在不断地进步，但比较迟缓，不如工商业迅速。不过，英格兰的法律，不仅由于保护商业而间接地鼓励农业，而且对农业还有直接的奖励。除歉收年份外，谷物不仅可以自由输出，还有奖金。而最重要的是，英格兰法律尽可能地使国内农民安定独立和受尊敬。所以，在长子继承法、什一税、永久所有权仍然有效的国家中，英格兰算是最鼓励农业的国家了。但英格兰农业的现状仍然不过如此，而法国农业的进步更慢。

由于对外贸易及销往远方的制造业而使土地全部得到开发与改良的国家，在欧洲，似乎只有意大利是唯一的一个。可是，无论哪一个国家，通过工商业而获得的资本，除非其某一部分已在土地耕作与改良事业上得到保障和实现，总是极不确定的财产。商人不一定是某国的公民，究竟在何处做生意，似乎没有多大关系；一件小事就可以让他把资本从一个国家迁到另一个国家。随着资本的迁移，资本所维持的产业也转移。在资本尚未落在地面上成为建筑物，成为土地永久改良物以前，没有一点可以说属于某一国。战争与政治上的变革，很容易使以商业为唯一来源的财富趋于枯竭；而通过比较可靠的农业改良而产生的财富则比较持久。

第四篇

论各种政治经济学体系

引　言

作为政治家或立法家的一门科学的政治经济学，提出两个不同的目标：第一，为人民提供充足的收入或生活资料；第二，给国家或社会提供足够维持公共服务的收入。不同时代不同国民的不同富裕程度，曾产生了两个不同的关于使国家和人民富裕起来的政治经济学体系。一个可称为重商主义；另一个可称为重农主义。

第一章　商业主义或重商主义的原理

货币是交易媒介，又是价值尺度。因为它是交易媒介，所以我们使用货币比用任何其他商品都更容易得到我们需要的物品。因为它是价值尺度，我们用各种商品所能交换到的货币量来估计其他各种商品的价值。变富就等于是有了钱。总之，按照通俗的说法，无论从哪一点看来，财富与货币都是同义语。像富人一样，富国家也往往被认为拥有很多货币。

洛克先生曾指出货币与其他各种动产的区别：其他各种动产具有容易消耗掉的性质，而金银是一个国家的动产中最坚固、最可靠的部分。他认为，增加这种金属，应当是一国政治经济的宏伟目标。

另一些人承认，对于那些有时不得不对外作战，因而有必要在遥远的地方维持海陆军的国家，必须送出货币以支付给养。所以，每个这样的国家都必须尽力在和平时期积累金银，需要的时候才会有财力进行对外战争。因此，欧洲各国都尽力研究积累金银的一切可能的方法，大多数欧洲国家似乎都禁止金银输出国外。当那些国家成为商业国时，商人们往往感到这种禁令非常不方便。他们说，第一，为购买外国货物而输出金银，未必会减少国内的金银量。如果外国货的消费在国内没有增加，就可以把这些外国货再出口，以高利润售出，所以，带回来的也许会比原来为购买货物而输出的金银多得多。第二，禁令并不能阻止金银输出，因为金银的价值大而体积小，很容易走私。他们认为，只有适当地注意贸易差额才能防止这种情况。当一国出口的价值大于进口的价值时，就出现了贸易顺差，外国必须以金银偿还，从而就增加了国内的金银量。反之，当进口的价值大于出口的价值时，出现贸易逆差，减少国内的金银量。在这种情况下，禁止金银输出，只会使金银输出更多一层危险，从而多一项费用。

他们的观点有一部分是有根据的，有一部分却是强词夺理。要保持或增加本国的金银量，需要政府给予更多的关心，这是诡辩。只要保证贸易自由，就能确保这些商品的供应适量，不需要政府给予额外的关心。他们又说，汇价高必然加剧他们所谓的贸易逆差，将导致更多的金银输出，这也是强词夺理。诚然，高汇价不利于向外国支付货币的商人。在购买外国汇票时，他们要以高得多的价格支付银行。但是，虽然由禁令而产生的风险可能使银行收取额外费用，却不一定会因此输出更多的货币。这种费用一般是走私时在国内支付的，不会在所需汇兑的数目以外多输出一些。高汇价也自然会促使商人平衡他们的出口和进口，尽量减小他们的支付额。此外，高汇价必定会产生类似税收的作用，抬高外国货的价格，从而减少外国货的消费。所以，高汇价不至于增加而只会减少他们所谓的贸易逆差，从而也会减少金银的输出。尽管这样，商人们还是说服了国会和王公贵族们，法国和英国允许铸币和金银条块出口，荷兰也允许本国铸币出口。

没有葡萄园的国家，必须从外国进口葡萄酒；同样，没有金银矿的国家也必须从外国进口金银。然而，政府似乎不必更多地去注意这些。有财力购买葡萄酒的国家，总会买到它所需要的葡萄酒；一个有财力购买金银的国家，也绝不会缺少金银。金银最容易也能最准确地按照有效需求而调节自己。因为金银的体积小而价值大，最容易从一个地方运到另一个地方，从超过有效需求的地方运到有效需求供应不足的地方。例如，如果英格兰的有效需求还需要额外数量的黄金，那么一艘邮船就可以从里斯本或其他地方运来50吨黄金，铸成500多万基尼。但如果有效需求需要同等价值的谷物，那么以5基尼换1吨谷物计算，进口这批谷物总共需要100万吨的船只载重，或每艘载重1000吨的船只1000艘，就是动用英格兰的海军船也运载不过来。

许多货物因为体积的关系，不能轻易从供应充足的市场运到存货不足的市场，但对金银来说却很容易。由于这个缘故，金银的价格不像其他大部分商品的价格那样不断发生变动。虽然金银的价格也不是完全不变动的，但其变动大都是缓慢的、渐进的和统一的。

尽管如此，一个有财力购买金银的国家，如果在任何时候缺乏金银，有一种更方便的办法就是用一种管理得当的纸币去填充。可是，人们对于货币稀缺的抱怨到处都是。货币就像葡萄酒一样，对于那些既无力购买又没有借贷信用的人，一定是经常缺少的。有时，整个城市及其周围的地方会普遍感到货币稀少，贸易过度是这一现象的主要原因，这是任何商人都会犯的普遍错误。对货币稀缺的抱怨，不是因为金银的稀少，而是因为他们难以借贷，以及债权人害怕贷款难以收回而不肯出借。

无疑，货币总是国民资本的一部分；它通常只是一小部分，并总是最无利可图的部分。商人们之所以普遍感到货币购买货物比货物购买货币容易一些，并不是因为构成财富的更主要的成分是货币而不是货物，而是因为货币是确立了的交易媒介物，易于和一切物品交换。而且，他们的利润直接来自出售货物的多，来自购买货物的少，因此他们更急于以货物交换货币，而不那么急于以货币交换货物。所以，货币必然追求货物，而货物却并不总是或没有必要追求货币。购买货物的人往往打算自己用来消费，并不总是再把货物出售，但出售货物的人却总想再购买。前者购买货物，往往完成了他的全部任务；而后者售卖货物，充其量只能完成一半。人们所以需要货币，不是为了货币本身，而是为了货币所能购买的物品。

有人认为，金银具有较大的耐久性，只要不继续输出，就可以在长时间内积累起来，使国家的真实财富增加到难以置信的程度。所以，以这种耐久的商品交换那些容易损坏的商品，是最不利于国家的贸易。我们应该很容易看出，任何一个国家的金银量都受这种金属用途的限制，或是铸成硬币流通商品，或是制成金银器皿。必须记住，金银无论铸成硬币还是制成器皿，都是工具，同厨房用具一样。增加金银的用途，增加可以用金银来流通和制造的可消费的商品数量，就一定会增加金银的数量；如果金银的积累超过了需要的数量，由于金银的运输十分容易，而闲置不用的损失又是那么大，因此任何法律也不能防止它们被立即输出国外。

一个国家可通过三种不同的途径购买驻外军队的粮饷：第一，把一部分积累的金银运往国外；第二，把制造业年产物的一部分运往国外；第三，把每年天然产物的一部分运往国外。一国积累贮存的金银，可分为三个部分：第一，流通的货币；第二，私人家庭的金银器皿；第三，多年节俭收集而存于国库的货币。

金银很少能从一国的流通货币中节省下来，因为这方面不可能有多大的剩余。熔化私人家庭的金银器皿，得到的金银更微不足道。国库积累金银的办法曾经提供了大得多而且持久得多的资源，但现在除了普鲁士，这办法已经不用了。

本世纪的几次对外战争，也许是历史上耗资最大的战争了，维持战争的资金似乎很少来自流通货币、私人家庭的金银器皿或国库金银的输出，而是靠英国各种商品的输出。政府或政府工作人员同一个商人约定汇款到外国时，商人为了支付期票，自然会尽量把商品而不是金银运出国外。如果那个国家不需要英国的商品，他就会设法把商品运往别国，购买一张期票，来偿还所欠国家的款项。把商品运往有需求的市场能够取得相当的利润，但出口金银却很难得到什么利润。除了上述三种金银外，在所有的大商业国，还有大量金银块为了进行对外贸易而交替地输入和输出。这种金银块像铸币在国内流通一样在各商业国之间流通，可以被看作大商业共和国的货币。国家铸币的流动及其方向，受本国境内流通商品的支配，大商业共和国的货币的流动及其方向，则受流通于各国间商品的支配。二者都是用来促进交换的。

购买驻外军队的粮饷或买进大商业共和国的货币以购买这些东西，要输出一定的商品。最适合为此目的而输出的商品，似乎是比较精巧和先进的制造品，它们体积小、价值大，因而能以较低的费用运到遥远的地方。如果一个国家的产业每年生产大量的这种剩余制造品输往国外，那么即使它不输出大量金银，甚至没有如此大量的金银可供输出，也能进行一场旷日持久的耗资巨大的对外战争。

依靠出口土地的天然产物而进行旷日持久的对外战争是行不通的。把大量天然产物运往国外以购买军队的粮饷费用太大，而且很少有国家生产的天然产物，除了足够维持本国居民生活的需要以外，还能有大量的剩余。休谟屡次提到古代英国国王无力不断地进行长期的对外战争的事实。当时的英国，除了土地的天然产物和最粗糙的制造品，根本没有其他东西可以用来购买驻外军队的粮饷。但是天然产物从人民的消费中节省不了多少，而且运输费用又过于巨大。在商业和制造业不发达的国家，遇到突发事件，君主很难得到臣民多大的援助，所以君主们都努力积累财宝，作为应付不测事件的唯一手段。先进的商业国家的君主，却没有必要积累财宝，因为他们在有突发事故时，往往都能得到臣民的援助。

金银的输入，不是一国从对外贸易获得的主要好处，更不是唯一好处。他们把消费不了的土地和劳动年产物的剩余部分输出国外，换回他们所需要的其他物品。通过这个办法，国内市场的狭小就不至于妨碍任何工艺或制造业的分工发展到最完善的程度。由于开拓了一个更加广阔的市场，就鼓励他们去改进劳动生产力，增加他们的年产物，从而增加社会的真实财富与收入。

美洲的发现使欧洲富裕起来，并非由于输入金银的缘故。因为美洲金银矿山丰富，使得这些金属的价格降低了。然而美洲的发现给欧洲所有的商品开辟了一个潜力无穷的新市场，因而导致了新的分工和新的技术，这在以前狭小的通商范围里是绝不可能的事。劳动生产力提高了，欧洲各国的产品增加了，居民的实际收入和财富也随之增加了。

经由好望角至东印度的航线的发现，开辟了一个比美洲更大的国外贸易市场，尽管距离更远一些。但是迄今为止，欧洲从美洲贸易所得的利益却向来比它从与东印度通商所得的利益大得多。因为葡萄牙人垄断东印度贸易长达100年之久，其他欧洲国家要想把货物运到东印度去或从东印度购买货物，都必须经过葡萄牙人之手。而美洲贸易，即欧洲每一个国家与其所属殖民地的贸易是可以自由经营的。

财富由金银构成；没有金银矿的国家只有通过贸易差额，即出口价值超过进口价值才能输入金银，这两个原则既然已经确立，那么政治经济学的目标就必然是尽量减少供国内消费的外国商品的进口，尽量增加国内产品的出口了。因此，使国家富裕的两大手段就是限制进口和奖励出口。

进口的限制有两种：第一，凡是本国有能力生产的供本国消费的外国商品，无论从什么国家，一律限制进口；第二，凡是从贸易差额被认为不利于本国的那些国家进口的商品，一律加以限制。这些不同的限制，有时采用高关税的方法，有时采用绝对禁止的方法。奖励出口的方法，有时是退税，有时是发给奖金，有时是订立有利的通商条约，有时是在遥远的国家建立殖民地。

上述两种限制进口的方法和四种奖励出口的方法，是重商主义所倡导的六种主要的手段。

第二章　论限制国内能生产的货物的进口

用高关税或绝对禁止的办法限制国内能够生产的货物的进口，国内生产这些货物的产业会或多或少地确保国内市场的垄断权。例如，禁止从国外进口活牲畜和腌制食品，就使英国畜牧业者确保了对国内肉类市场的垄断。

这种国内市场的垄断，往往对享有垄断权的产业给予很大的鼓励，使社会有更多的劳动和资本转到这个领域里来。社会全部的劳动绝不会超过社会资本所能维持的限度。每个人都不断努力为他自己所能支配的资本找到最有利的用途。诚然，他所考虑的并不是社会的利益，而是他的一己私利，但他对自身利益的研究自然会引导他采用最有利于社会的用途。

第一，每个人都想把他的资本投在尽可能离家近的地方，从而都尽可能把资本用来支持本国产业，只要他能取得普通的资本利润或不少于普通利润。所以，利润相等的情况下，每一个批发商都宁愿经营国内贸易而不愿经营对外贸易，宁愿经营消费品对外贸易而不愿经营转口贸易。投资国内贸易，资本往往在自己的监控之下，能够更好地了解所信托的人的品性和地位，即使上当受骗，也比较了解为取得赔偿所要依据的本国法律。同样，从事对外贸易的商人，当采购货物准备运往外国市场时，只要利润相当，总会尽可能在国内市场出售货物的一大部分。当他这样尽可能地使对外贸易变为国内贸易时，他就避免了出口的风险和麻烦。这样一来，本国就是每一个国家的居民资本不断环绕流通并最终趋向的中心，虽然由于特殊原因，这些资本有时从那个中心被驱逐出来，在更遥远的地方使用。

第二，每个使用自己的资本以支持本国产业的人，必然会引导那种产业，使其生产物尽可能有最大的价值。但是每个社会的年收入，总是恰好等于其劳动的全部年产物的交换价值。所以，每个人都把他的资本尽可能用来支持国内产业，他就必然竭力使社会的年收入尽量增大。诚然，一般来说他既无意促进公共的利益，也不知道自己是在什么程度上促进公共利益，他只是盘算自己的利益，但是他被一只看不见的手引导着，往往使他能够比真正出于本意的情况下更有效地促进社会的利益。

关于把资本用在什么种类的国内劳动上，什么生产物能有最大价值等问题，每一个人根据自己的情况，显然能比政治家或立法家做出更好的判断。使本国产业中任何工艺或制造业的生产物垄断国内市场，在某种程度上就是指导私人应当如何运用自己的资本，而这种指导几乎无一例外是无用的或有害的。如果本国的产品在国内市场上同外国的产品一样便宜，这种规定显然是无用的。如果一件东西自己制作起来比购买时需要更大的代价，就永远不要在家里生产，这是每一个精明的人都知道的格言。裁缝不制作自己的鞋子，而是向鞋匠购买；鞋匠不制作自己的衣服，而是雇裁缝来制作。他们都发现，为了自身的利益，应当把全部精力集中到比其他处于有利地位的劳动，而以劳动的一部分产物或它的价格，购买他们需要的其他任何商品。

对每一个私人家庭来说是精明的事情，对一个大国来说就不可能是荒唐的了。如果外国能提供比我们自己制造更加便宜的商品，我们最好就用自己的优势产业生产出来的一部分产品向他们购买。国家的总劳动既然总是同维持它的资本成比例，就不会因此有所减少，只不过要四处寻找最有利的用途罢了。

有时，在生产某些商品的时候，某个国家占有那么大的自然优势，以致全世界公认挑战这种优势根本是枉费心机的。通过建造玻璃房和温床，苏格兰也能栽种上等的葡萄，并酿造遗留的葡萄酒，其成本大约是能从外国购买的同样品质的葡萄酒的 30 倍。仅仅为了鼓励苏格兰酿造波尔多葡萄酒，便以法律禁止一切外国葡萄酒的进口，这难道是合理的吗？如果苏格兰不向外国购买它所需要的葡萄酒，而是使用比购买所需的多 30 倍的资本和劳动来自己酿造，这显然是荒唐的。

从垄断国内市场获得最大好处的是商人与制造业者。禁止外国牲畜和腌制食品进口以及对外国谷物征收高额关税，对于英国畜牧者与农民的好处，比不上商人和制造业者从同类垄断所得的好处。制造品，尤其是精良制造品，更容易从一国运到另一国。所以，对外贸易的主要业务，通常是采购和运输制造品。在制造品方面，只要能占一点点优势，甚至在国内市场上也能使外国商人以低于我国工人的产品的价格出售。但在土地的天然产物方面，要有极大的优势才能做到这个地步。如果准许外国制造品自由进口，也许有几种国内制造业就会受到损失，有的也许会完全破产，结果大部分资本与劳动将被迫离开现在的用途去寻找其他用途。但土地天然产物的最自由的进口，却不可能对本国农业发生这样的影响。

在所有人民当中，乡绅与农场主是最少沾染恶劣垄断精神的人，这对他们来说是一种光荣。一家大制造厂的企业家，如果听说附近20里内新建了一家同类的工厂，就会惊慌起来。在阿比维尔经营毛织品制造业的荷兰人，规定在其城市周围60里内，不许开设同类的工厂。反之，农场主与乡绅却常常愿意促进邻近土地的开垦与改良，而不是加以阻止。大部分制造业都有商业秘密，而农场主与乡绅却没有什么秘密，如果他们发现了有利的新方法，他们一般都欢喜与邻居沟通，而且尽可能去推广。乡绅与农场主散居各地，不容易联合起来，商人与制造业者都沾染了城市里盛行的同业工会的习气，他们一般取得了违反城市居民利益的专营的特权，当然要设法取得针对所有国人的专营的特权。因此，他们似乎就是确保国内市场垄断、限制外国货物进口的始作俑者。

以永久性的法律禁止谷物及牲畜的进口，实际上等于规定，一国的人口和劳动，永远不得超过本国土地的天然产物所能维持的限度。但是有两种情况是例外。

第一，当某产业为国防所必需的时候。例如，英国的国防，在很大程度上取决于海员与船只的数量。所以，英国的航海法自然企图通过绝对禁止或对外国船只课征重税来使本国海员和船舶垄断本国的航运业了。航海法对于对外贸易是不利的。诚然，它对输出英国产品的外国船只未曾课税，但是外国人如果因为禁止进口或被课征高关税而不能来此出售，他们也就不能前来购买。因为空船来英国进货的外国人，势必会损失从他们国家到英国的运费。所以减少了卖主人数，就是减少买主人数。这样，与贸易完全自由的时候相比，我们不仅在购买外国货物时要更贵，而且在出售本国货物时要更贱。但是由于国防比富裕重要得多，所以在英国各种通商条例中，航海法也许是最明智的一种。

第二，在国内对本国产品征税的时候。这办法不会给国内产业以国内市场的垄断权，也不会使用于某用途的资本与劳动比自然流入的多。征税的结果，仅仅使本来要流入这一用途的一部分资本与劳动，不流入其他的用途，而本国产业与外国产业，税后仍然能够在和税前相同的条件下竞争。在英国，当国内产品也缴纳这样的税时，通常就对同类外国商品的进口征收高出许多的关税，免得国内的商人和制造业者怨声载道，说自己的商品要在国内大大跌价了。

关于自由贸易这第二种限制，有人认为，在一些场合，不应局限于与本国课税商品竞争的那些外国商品，应该扩大到更多的外国商品。他们说，生活必需品在国内课税的话，不仅对外国进口的同类生活必需品课税是正当的，对能和本国任何产品竞争的各种外国商品课税也是正当的。他们说，课税的结果必然会抬高生活必需品的价格，从而劳动的价格一定也跟着抬高。所以，本国的各种商品，虽然没有直接课税，但价格都将因这种课税而上升，因为生产各种商品的劳动的价格上升了。一切商品价格由于劳动价格的上涨而普遍上涨的情况，与由于直接课税而涨价的情况相比，有两方面不同。

第一，征收这种赋税能使商品的价格提高多少，可以很准确地判断，但劳动价格的普遍提高，可以在多大程度上影响各种劳动产品的价格，却不能相当准确地知道。第二，生活必需品课税对人民的影响，和贫瘠的土地与不良的气候所产生的影响大致相同。食物价格因此变得比从前贵，正像在土壤贫瘠、气候不良的情况下生产粮食，因为需要特别的劳动和费用。在这两种情况下，对人民最有利的是，让他们尽可能适应自己的环境，即使在不利的情况下去寻找劳动的用途，在国内或国外市场占有优势地位。

这类税收，在达到一定高度时与土壤贫瘠和气候恶劣所造成的祸害如出一辙。然而最普遍征收这类赋税的地方，却是最富裕和最勤勉的国家。其他国家，都经不起这么大的不正当行为。在欧洲，荷兰是这类赋税最多的国家。

对外国产品限制以奖励本国产业是否有利，下列两种情况，还有待考查：第一，在什么程度上，继续准许某些外国货物的自由进口是适当的；第二，在什么程度上或采用什么方式，在自由进口中断一个时期之后恢复自由是适当的。

在什么程度上继续准许某些外国商品的自由进口是适当的，有时成为要考虑的问题的情况是，某一外国以高关税或禁止的方法，限制我国某些制造品出口那个国家的时候。这种情况下，复仇的心理自然会驱使我们报复，我们对他们某些或所有制造品，征收同样的关税或禁止其进口我国。各国通常都是如此进行报复的。如果能达到撤销高关税或禁令的目的，采用报复政策就可以说是良好的政策。一般来说，恢复广大的国外市场，完全可以抵消由于某些商品价格暂时昂贵而蒙受的不方便。要判断这种报复能否产生那种效果，不需要有立法家的知识，而需要有所谓政治家或政客的技巧。因为立法家的考虑，受不变的一般原理的指导，而政治家或政客的考虑，则以事件一时的变动为转移。

在外国货物的自由进口已经中断以后，在什么程度上或采用什么方式来恢复才适当成为一个值得深思的问题的情况是，本国的某些制造业，由于一切能和它竞争的外国货物都被课税或被禁止而扩大起来，雇用了大量工人的时候。这时候，人道主义要求只能一步一步地缓慢地恢复自由贸易。如果突然撤销高关税与禁令，廉价的同类外国货物将迅速涌入国内市场，我国成千上万人民的日常工作与生活资料就会顷刻失去。由此而起的混乱，依据下列两个理由也许比想象的小一些。

第一，无奖励金也可以出口到欧洲其他国家的制造品，都不会受到自由进口的外国商品的很大影响。这种制造品输往外国，其售价必与同样品质和种类的其他外国商品同样低廉，因此，其国内售价一定更为低廉，所以仍然能够占领国内市场。

第二，恢复贸易自由，虽然将使许多人突然失去他们的日常工作和谋生手段，但他们不会因此而失业或饿死。上次战争结束时裁减了10 万以上海陆军，但是大部分海军士兵也许逐渐转移到商船上去服务，被遣散的海陆军士兵，也都被吸收在广大的人民群众中从事起了各种职业。

显然我们不能期望自由贸易在英国完全恢复，正如不能期望乌托邦的实现一样。不仅公众的偏见，还有许多个人的私利，是完全恢复自由贸易的难以抗拒的阻力。一家大制造厂的经营者，如果由于国内市场突然对外国人开放而不得不放弃其行业，无疑遭受的损失会很大。通常用来购买材料支付工资的那一部分资本，要寻找其他用途也许不会十分困难。但处置工厂和生产工具那部分固定资本，却不免造成相当大的损失。为了公平地考虑他们的利益，就要求这种变革不要操之过急，而要逐渐地在发出警告很久以后再实行。如果立法机关的考虑不受片面利益的叫嚣所干扰，而受普遍福利的远大眼光所指导，那么它要特别小心不去建立任何新的这种垄断，也不扩大已经建立的垄断。这样的法规在一定程度上都会给国家带来混乱，而以后要想挽救也难免引起另一种混乱。

为阻止或减少进口而设的税，显然是既破坏贸易自由又破坏关税收入的。

第三章　论对贸易差额于我不利的国家的货物进口施加的特别限制

第一节　即使从重商主义的原则看这种限制也不合理

重商主义所提倡的增加金银量的第二个方法，是对贸易差额被认为不利于我国的那些国家的几乎一切货物的进口施加特别的限制。例如，西里西亚的细麻布，只要缴纳了一定的税就可以输入英国；但是法国的细麻布，却被禁止进口，只有先输入伦敦港存在仓库中，再伺机输出。法国葡萄酒进口所负担的税，也比葡萄牙等国家的葡萄酒重。我相信，法国也针锋相对地把额外的税加在我们的货物及制造品上，虽然我不知道具体到了什么地步。这种相互的限制，几乎断绝了两国间的一切公平贸易，致使现在法国货物运往英国，英国货物运往法国，主要靠走私。我在前一章所考察的原则，发源于私人利益和垄断精神；在本章所要考察的原则，却发源于民族偏见与敌对情绪，因此更加不合理。即使根据重商主义的原则来说，也是不合理的。

第一，即使英法之间自由贸易的结果是贸易差额的确对法国有利，我们也不能因此得出结论说，那种贸易对英国不利，或英国全部贸易的总差额，将因此而更不利于英国。如果法国葡萄酒比葡萄牙葡萄酒价廉物美，那么英国所需的葡萄酒当然从法国购买更有利。

第二，从法国进口的全部货物，大部分可以再出口其他国家，也许会带回与法国进口货物的原始成本有相同价值的收益。现在荷兰最重要贸易部门之一，就是把法国货物运到欧洲其他各国。英国人饮用的法国葡萄酒，也有一部分是秘密由荷兰及西兰输入的。

第三，没有明确的标准，可以判定两国间的贸易差额究竟对哪一国有利，即哪一国输出的价值最大。人们往往使用两个标准，即关税簿与汇兑情况。由于关税簿对各种商品的评价，很大一部分是不准确的，所以现在大家都认为它是很靠不住的标准。至于汇兑情况，其普通情况是两地间债务与债权的普通状态的反映，也是两地间出口与进口的普通情况的反映，因为两地间债权债务的普通状态必然受两地间进出口普通情况的支配。但不能因此就断言，债务债权的普通状态有利于一国的地方，贸易差额也就对它有利。例如，英国购买汉堡、但泽等地的货物，常常用荷兰汇票来支付，那么英国与荷兰之间债务与债权的普通状态，不完全受两国间贸易来往的一般情况的支配，而是受英国对汉堡和但泽等地贸易来往的一般情况的影响。即使英格兰每年向荷兰输出的，远远超过英国每年从荷兰输入的价值，即使所谓的贸易差额有利于英国，英国仍然不得不每年向荷兰输出货币。

此外，汇兑的一般计算方法与真实的汇兑情况可能极不相同。

第一，我们不能总是按照各国造币厂的标准，来判断各国通货的价值。各国货币的磨损程度和低于标准的程度，是有多有少的。在英国金币改铸以前，法国铸币比英国铸币的磨损程度小，法国铸币接近标准的程度也许高出2%—3%。如果英法间的汇兑不利于英国的程度，没有超过2%—3%，则真实的汇兑可能对英国有利。自金币改铸以来，汇兑总是有利于英国而不利于法国。

第二，有些国家，造币的费用由政府支付；有些国家则由私人支付，甚至还要给政府抽取部分收入。同样接近各自造币厂的标准的英法货币，包含等量纯银的一定数额的英国货币，未必就能购买包含等量纯银的一定数额的法国货币，因而未必就能购买在法国兑付此数额的汇票。如果购买一张汇票，英国所支付的超额货币，恰好足以补偿法国的铸币费用，那么两国间的汇兑事实上就是平价汇兑。债务与债权可以互相抵消，虽然按照计算两国间的汇兑大大有利于法国。如果购买这张期票，英国所支付的货币少于此数额，那么两国间的汇兑事实上有利于英国，虽然按计算对法国有利。

第三，有些地方，如阿姆斯特丹、汉堡等地，外国汇票都以所谓的银行货币支付；而有些地方，如伦敦、里斯本等地，则以当地的通用货币支付。所谓银行货币，总是比同一名义金额的通用货币具有更大价值，两者的差额，被称为银行的扣头，在阿姆斯特丹，一般是大约5%。

第二节　根据其他原则这种特别限制也不合理

整个贸易差额学说，是再荒谬不过的了。当两地通商时，这种学说认为，如果贸易额平衡，则双方各无得失；如果贸易额略有倾斜，必然是一方损失，另一方得利，得失程度视倾斜程度而论。但这两种假设都是错误的。奖金与垄断权所强迫进行的贸易，虽然是为了本国利益，事实上却可能对本国极为不利。相反，不受限制而正常地进行的两地间的贸易，总是对两地都有利的，虽然对两地不一定同等程度地有利。

如果贸易额平衡，并且两地间的贸易所交换的全是各自的本土商品，那么它们不仅都会得利，而且所得利益相等或几乎相等。如果甲、乙两国的贸易属于这样的性质，即甲国输出乙国的货物都是甲国本土商品，从乙国带回的货物则全是外国商品，那么两国的贸易额仍被认为是平衡的，两国仍然都得到好处，但好处的程度不同。从这种贸易取得最大收入的，是只输出本土商品的那一国居民。比方说，英国从法国进口的全是法国生产的商品，但英国以大量的外国货物如烟草与东印度货物来交易，这种贸易可以给两国居民都提供收入，但给法国居民所提供的收入多于给英国所提供的。法国每年投在这种贸易上的全部资本，是在法国人民间分配的。但英国的资本，只有用来生产本土货物与外国货物交换的那一部分，才是每年在英国人民间分配的。有一大部分资本，是用来补偿弗吉尼亚、印度和中国的资本，并对这些国家的居民提供了收入与生计。即使两国所投资本相等或几乎相等，但法国资本的使用给法国人民所增加的收入，要比英国资本所增加的收入多得多。因为，法国所经营的，是对英国直接的消费品对外贸易；而英国所经营的，是对法国迂回的消费品对外贸易。

各国都错误地认为他们的利益在于使一切邻国变得贫穷。各国都用嫉妒的眼光看待与他们通商的国家的繁荣，并把这些国家的利益看作是他们的损失。国家之间的贸易往来，像个人之间一样，原本应该是团结与友谊的纽带，现在，却成了争执与仇恨的最大源泉。王公大臣们反复无常的野心对欧洲和平所造成的危害，根本不及商人和制造商狂妄的嫉妒心所造成的危害。

最初发明并传播这种原则的，无疑是垄断的精神。在任何国家，向售价最廉的人购买自己所需要的各种物品，总是而且必然符合人民大众的利益。可是如此显而易见的常识却被商人和制造商自私自利的诡辩混淆了。在这一点上，商人和制造商的利益与人民大众的利益正相反。凡能输入本国，与本国制造品竞争的一切外国制造品，都征收高额关税或禁止输入。因此，对于贸易差额被认为不利于我国的那些国家，对民族仇恨异常激烈的国家，几乎一切货物的输入都施加特别的限制。

邻国的财富，在战争或政治上虽然对我国可能是危险的，但在贸易上，确实对我国有利。在和平的通商状态下，邻国的财富，必然为我国用这种产品交换来的产品提供更好的市场，交换更大的价值。富人和穷人相比，是更好的顾客，邻近的富国，也是这样。一个想发财的人，决不会退居到穷乡僻壤里去，而一定会去首都或商业大都市。他们知道，财富流通很少的地方，可以获得的财富就很少；财富流通多的地方，有些财富就有可能分到他们手里。全国国民都应该知道，邻国的富裕可以看作是本国获得财富的原因和机会。想通过对外贸易致富的国家，当它的邻国都是富裕勤勉的商业国时，最有可能达到目的。

法国和英国之间的贸易，在两国都受到了极大的阻碍与限制。如果两国能摈弃商业的嫉妒和民族的仇恨，重新考虑自己真正的利益，那么对英国来说，法国的贸易将比任何其他欧洲国家的贸易更有利；对法国来说，英国的贸易也将比任何其他欧洲国家的贸易更有利。

然而，使两国之间开放和自由的贸易，对两国那么有利的环境，却导致了这种贸易的主要障碍。因为是邻国，它们就必然是敌国；于是一方的富强，就必然增加另一方的恐惧。两国的商人，都热烈地拥护他们自私自利的谬论，宣称不受限制的对外贸易，必然会导致不利的贸易差额，从而一定会导致国家的灭亡。可是迄今为止，似乎没有哪个欧洲国家曾经因为这个缘故而变穷了。与重商主义的预料相反，实行开放并允许自由贸易的城市与国家，不但没有灭亡，反而因此都富裕起来。

有另一种差额，和贸易差额极不相同。一个国家的兴衰，要看这差额是有利或是不利。这就是年度生产与消费的差额。年产物的交换价值如果超过了年消费的交换价值，社会的资本每年就必然会按照这个超额比例而增加，每年从收入中节省下来的部分，就自然会加到社会资本上，进一步增加年产物。生产与消费的差额和贸易差额完全不同，在没有对外贸易，不与外国往来的国家，也可以发生这种差额，在整个地球上，也可以发生这种差额。

即使在贸易差额不利于一个国家时，生产与消费的差额仍然可以不断地有利于这个国家。即使在半个世纪里，这个国家进口的价值都大于出口的价值，在这期间流入的金银立即全部输出，但它的实际财富，它的土地和劳动年产物的交换价值，仍然可以在同一时期，按照比以前高得多的比例增加起来。北美殖民地的状态，以及它们以前对不列颠的贸易状态，都可以证明这一假设。

第四章　论退税

商人和制造商，还想为他们的货物谋求最广大的国外市场。由于他们的国家在国外没有管辖权，他们要垄断外国的市场，是不可能的。所以，一般地说，他们不得不请求对出口给予奖励。

在各种奖励中，所谓的退税似乎是最合理的。商人在出口时，请求退还对本国产品征收的国内税的全部或一部分，并不会使货物的出口量大于不征税时的数量。这种奖励，不会破坏社会上各种用途间自然形成的平衡，只会阻止征税产生破坏这种自然平衡的作用。这种奖励，不会破坏社会上劳动的自然分配，而会保持这种分配。

进口的外国货物再输出，也可退税。在英国，退税一般等于进口税的最大部分。每个商人都可以在出口时，收回旧补助税的一半。但英国商人必须在 12 个月内出口，而外国商人必须 9 个月内出口。我们垄断了马里兰和弗吉尼亚的烟草，进口烟草约 9.6 万大桶，国内消费据说还不到 1.4 万大桶。为使这巨额的剩余便于出口，退还所纳全部关税，但是要在 3 年内出口。

有些货物，是我国制造商嫉妒的对象，所以禁止其进口。但缴纳了一定的税后就可进口，存在仓库以待输出。但这些货物出口时，概不退税。我们的制造商，害怕仓库里的货物会被偷运出一部分，来和他们自己的货物竞争，因此也不愿鼓励这种进口。我们甚至不愿做法国货物的贩运者，与其让他们利用我们作中介而获取利润，不如放弃我们自己的利润。所有法国货物出口时，不仅旧补助税的一半不予退还，附加的25%的税也不退还。

最初设立退税制度，也许是为了奖励转运贸易。运送船只的运费，常常是由外国人以货币支付，因此转运贸易被认为特别能给国家带回金银。转运贸易虽然不应受到特殊的奖励，设立退税制度的动机虽然非常的可笑，但这种制度本身，似乎还是很合理的。退税不会使流入转运贸易的资本大于不征收进口税时自然会流入这种贸易的资本，只不过为了防止进口税将这种贸易完全排斥出去。虽然不应该特别奖励转运贸易，却也不应加以排除，我们应该像对待其他行业一样任其自由。对于那部分不能投在本国农业和制造业，也不能投在国内贸易或国外贸易上的资本，转运贸易提供了一个必要的出路。

在退税时得保留一部分关税，这就使关税收入不但不会因退税而受损失，而且还能得到好处。如果全部关税都被保留，那么已经纳税的外国商品，就会由于缺少市场而不能出口，因而也不能进口。这样，本可以保留一部分的关税，便无法收到了。

上述证明退税合理的理由，仅适用于出口货物到完全独立的外国，并不适用于出口货物到我国商人和制造商享有垄断权的地方。例如，欧洲货物出口到我国美洲殖民地时的退税，并不能使出口额大于无退税制度时的出口额。因为我国商人和制造商在那里享有垄断权，即使保留全税额不退，也未必会增加运到那里去的出口额。因此，退税常常是国内税及关税的纯损失，不能改变贸易状态，也不能扩大贸易。

必须指出，只有在货物真正运到外国去，而不再秘密输入我国的时候，退税制度才会带来好处。有些退税，尤其是烟草的退税，就往往被人滥用，并产生了许多既有损于税收也有损于本分商人的欺诈行为。

第五章 论奖金

在英国，常常有人请求对某些产品的出口给予奖金，而政府有时也发放这种出口奖金。在外国市场上，我们不能像对本国人那样，强迫他们购买我国工人生产的产品。于是退而求其次，想出另一个办法，就是付钱给外国人去购买。这个通过贸易差额富国富民的办法，正是重商主义所提倡的。

有人认为，奖金应该只发给那些没有奖金就经营不下去的商业部门。只有商人的售货价格不足以补偿其资本连带利润的那些贸易，才需要奖金。奖金的目的，是补偿这种亏损，鼓励它继续经营或开创一种开支大于收益的贸易。

应该指出，靠奖金经营贸易的，是能在两国间长期经营下去而一国老是亏本的贸易。但是，如果没有奖金来补偿商人售价上的损失，他自身的利害关系不久就会促使他改变资本的用途，或寻找其他能偿还资本并提供普通利润的贸易。像重商主义所提倡的其他各种办法的结果一样，奖金的结果，只不过迫使一国贸易不向自然方向发展，而向大大不利的方向发展。

据说，自从奖金设置以来，谷物的平均价格已显著下跌。但是这种事实就算没有奖金也必然会发生。看来奖金不可能是谷物价格降低的一个原因。由于奖金在丰年引起的反常的输出，所以它必然会使国内市场上的谷物价格提高到自然水平以上。这就是奖金制度所标榜的目标。在歉收年份，奖金虽然常常停止发放，但它在丰年引起的大量输出，会或多或少地使一年的剩余无法弥补另一年的不足。所以，无论丰年、歉年，奖金必然有助于提高谷物的货币价格。

由奖金引起的外国市场的扩大，无论多大，必定牺牲了国内市场。应该指出，奖金使人民身上负担了两种不同的税：第一，为支付奖金，人民必须纳的税；第二，由于国内市场上商品价格提高而产生的税，因为人民都是购买者。所以第二种税比第一种税重得多。因此，奖金所引起的商品的反常输出，不仅会按照扩大国外市场与国外消费的比例，减少国内市场与国内消费，而且由于限制了国内人口与产业的发展，最后必然会限制国内市场的逐渐扩大。所以，归根到底，它会缩小而不是扩大商品的整个市场与消费量。

如果奖金的结果，使谷物的真实价格提高，必然会鼓励这种商品的生产。但奖金显然绝不会有这种结果，它只对商品的名义价格有很大的影响，对于真实价格，却没有多大影响。奖金的真实效果，与其说是提高商品的真实价值，不如说是降低白银的真实价值。

白银价值由于矿山的丰富蕴藏而产生的下降，对大部分商业地区产生了相同或几乎相同的影响。金银器皿的价格，实际上变得比以前低廉，但其他一切物品的真实价值依然和以前完全一样。

如果银价的下降是个别国家的特殊情况或政治制度的结果，其影响只在一国发生，那么这远远不会使任何人实际上更富裕，却会使所有人实际上更贫穷。所有商品价格都上升是该国特有的现象，会或多或少地抑制国内的各种产业。

西班牙和葡萄牙的金银矿无比丰富，所以能够给欧洲其他国家分配金银。因此，金银在西班牙和葡萄牙应该比在其他国家略为低廉，但其差额，不应大于运输费和保险费。所以，这两国由于这种特殊情况而蒙受的损失一定并不大。

但是西班牙对金银输出征税，葡萄牙则禁止出口，致使出口必须负担走私的费用，使金银在外国的价值高于两国的部分，超过了偷运出口的全部费用。禁止金银出口，不能在本国保留本国所能使用的限度以上的金银量。土地和劳动的年产物，限制了国家在铸币、金银器皿或装饰品上可以使用的金银量。金银的过剩，必然使金银价格低廉，或者说，必然使其他商品昂贵，这就损害了两国的农业与制造业，使外国能以比在两国国内生产或制造所费更小的金银量，供给它们许多天然产物和几乎一切制造品。

谷物出口奖金所起的作用也是如此。不论耕作的实际状态怎样，谷物出口奖金总会使国内市场上的谷物价格略高于没有奖金的情况，并使外国市场上的谷物价格略低于没有奖金的情况。由于谷物的平均货币价格，或多或少地支配所有其他商品的平均货币价格，所以，它又会大大降低国内白银的价值，而稍稍提高外国白银的价值。这样，就使我国制造品无论在什么市场上都比无奖金时稍稍昂贵，并使外国的制造品都比无奖金时稍稍低廉，因而，使他们的产业能享受双重的利益。

在整个国家中，也许只有一种人从这种奖金得到了实际利益，他们是谷物商、谷物的输出者和输入者。最热烈赞成继续发放这种奖金的，就是他们。

我们的乡绅，仿效制造商对外国谷物的进口课税，对本国谷物的出口给予奖金时，也许没有注意到，谷物和其他各种货物有着根本的区别。以垄断国内市场或以奖励出口的方法，使毛织物以比更好的价格出售是可能的，因为这些方法，不但提高了毛织物的名义价格，而且提高了毛织物的真实价格。使它们等于较大量的劳动与生活资料，不仅增加了制造商的名义利润、名义财富与名义收入，而且增加了他们的真实利润、真实财富与真实收入。但如果把这种制度应用到谷物上，所提高的就仅仅是谷物的名义价值，而不是谷物的真实价值。这样做并不能增加农场主的真实财富或真实收入，也不能增加乡绅的真实财富或真实收入。谷物有自己的真实价值，不随货币价格的改变而改变。出口奖金也好，市场垄断也好，都不能提高谷物的真实价值，最自由的竞争，也不能减低它。毛织物和麻织物不是支配性的商品，不能衡量和决定其他商品的真实价值，谷物却可以。一切其他商品的真实价值，最后都要根据其平均货币价格对谷物平均货币价格的比例来衡量和决定。谷物的平均货币价格有时会不同，但其真实价值却不随这种变动而变动。随这种变动而变动的只是白银的真实价值。

为了鼓励某种商品的生产，生产奖金的作用，比出口奖金更为直接。此外，它只对人民征收一种税，就是支付奖金要缴纳的税。生产奖金不会提高而只会降低商品在国内市场上的价格。所以，人民不用缴纳第二种税，而且所缴纳的第一种税也将因此得到一部分补偿。可是，生产奖金并不经常发放。重商主义的偏见使人们相信，国民财富更直接的来自出口而不是来自生产。因此普遍认为出口是更直接的带回货币的方法。

可是在某些特殊的情况下，曾发放了类似生产奖金的东西。给予白鲱渔业及鲸渔业的渔船吨位奖金，或许可以看作具有这种性质。有了这种奖金，国内的一部分资本被用来使这种货物上市，但其价格却不能补偿其成本连带资本的普通利润。可是，渔业的吨位奖金，虽然不能带来国民财富的增长，但由于增加了船只及海员的数目，所以可以被认为有助于国防。也许可以说，用这种奖金来维持国防，比维持一个庞大的常备海军所需的费用，有时要小得多。

渔业者在获得了这么丰厚的奖金以后，如果依然以往常的价格或更高的价格出售他们的商品，就可以得到很大的利润。就个别人来说，情况也许如此。但一般说来，这种奖金的通常效果，是鼓励轻率的冒险家去经营他们所不了解的事业，政府发给的丰厚的奖金根本弥补不了他们的损失。1750 年，根据第一次以每吨 30 先令奖励白鲱渔业的法令，建立了一个股份公司，资本为 50 万镑，股东在 14 年间，每认购 100 镑，每年可以收取 3 镑的效益，并由关税总督每半年支付一半。这家大公司的总裁及董事都住在伦敦，此外又宣布在国内其他港口设立资本总额不少于 1 万镑的渔业公司为合法。这些比较小的渔业公司虽然自负盈亏，但同样可取得与大公司同样的年金以及各种奖励。大公司的认购不久就满额了，在国内各海港也设立了好几家小渔业公司。可是，尽管有这一切的奖励，所有这些公司，无论大的小的，几乎都损失了全部或大部分资本，现在，白鲱渔业几乎全部由私人冒险家经营。

如果某一种制造品是国防所必需的，那么给予奖金来维持这一种制造业，也未必是不合理的。对于英国制造的帆布和火药的出口奖金，也许可以根据这个原理来辩护。

在人民有很多的收入又不知怎样去使用的繁荣时期，对于大家爱好的制造业给予这样的奖金，也无可厚非。但在普遍困难与贫穷时期还继续这种浪费，就是荒唐的了。

所谓奖金，有时候就是退税。例如，出口精糖的奖金，可以说是退还对赤砂糖和黑砂糖原料所征收的税。用关税用语来说，只有那些出口时货物形态和进口时保持一致的货物所得的津贴，才叫作退税。如果进口以后经过制造加工改变了形态，名称也随着改变了，则发给的津贴叫作奖金。

社会给予有专长的技术人员和有出色贡献的制造商的奖金，不足以使国家资本以比没有奖金时更大的比例流入任何一个行业。奖金的趋势不是破坏各行业间的自然平衡，而是使各行业尽可能地臻于完善。

第六章　论通商条约

一个国家受条约束缚，只允许某一外国输入某种商品，而禁止其他国家输入这种商品，或者对其他国家某种商品课税，而对某一外国这种商品免税，那么在商业上受惠的国家，必然会从这种条约中取得很大利益，在这样待遇优厚的国家里，享受了一种垄断权。这个国家，就成为他们商品的一个更广阔又更有利的市场。

然而这样的条约，对于施惠国的商人及制造商肯定是不利的。他们不得不以比自由竞争更高的价格去购买他们所需的外国商品，而用以购买外国商品的那一部分本国产物，必须以更低的价格出售。所以，该国年产物的交换价值，就会因这种条约而减少。但是，它出售货物的价格虽然低于没有通商条约时所的价格，但售价终究不会低于成本，否则，这种贸易就不能继续下去了。所以，即使是施惠国，也可以通过这种贸易得到好处，虽然不像在自由竞争情况下那么大。

有时，一个商业国给某一外国的某种商品不利于本国的垄断权，是希望在两国间的全部贸易中本国每年所售出的多于所购入的，以致每年都有金银的差额流入本国。1703 年的英葡通商条约①，就是根据

① “英格兰史”，1773 年第 3 卷。

这个原则博得了广泛的赞赏。以下是该条约的直译文，总共只有三条：

第一条——葡萄牙国王陛下，以他自己及其继承人的名义，在受到法律禁止以前，今后永远准许英国呢绒及其他毛制品照常输入葡萄牙，但以下一条为条件。

第二条——英国国王陛下，以他自己及其继承人的名义，今后永远准许葡萄牙产葡萄酒输入英国，无论何时，无论英法两国是处于和平还是战争状态，无论输入葡萄酒时所用的是105加仑桶、52.5加仑桶或其他的桶，不得以关税或任何其他名义，直接或间接要求比同量法国葡萄酒交纳更多的关税，并减少1/3的关税。如果在任何时候，上述关税的减除以任何形式上被侵害，则葡萄牙国王陛下重新禁止英国呢绒及其他毛制品输入，就是正当而合法的。

第三条——两国全权大使承诺负责请各自国王批准该条约，并约定在两个月内交换批准文件。

根据条约规定，葡萄牙国王有义务准许英国毛织物按禁止输入以前同样的条件输入，但没有义务准许英国毛织物以比任何其他国家如法国或荷兰的输入条件更好的条件输入。而英国国王，却有义务以比法国葡萄酒即最有能力与葡萄牙竞争的葡萄酒更好的条件，准许葡萄牙葡萄酒输入，就是说比法国葡萄酒少纳1/3的关税。就这一点来看，该条约显然对葡萄牙有利，而对英国不利了。

然而该条约却被称为英国商业政策的杰作。葡萄牙每年从巴西所得的黄金比用于国内贸易的数量多得多。其剩余有大部分每年输往英国，用来交换英国货物，或间接从英国交换其他欧洲各国货物。然而不能因此便认为，这种贸易比出口价值等于进口价值的其他贸易更有利。全部黄金进口中只有一小部分是用来增加国内的器皿或铸币的，其余必然要送往外国，以交换某些消费品。但如果这种消费品直接用英国产品购买，那就一定比先以英国产品购买葡萄牙黄金，再以黄金购买这种消费品更有利于英国。直接的消费品对外贸易总是比迂回的消费品对外贸易有利。而且，要从外国运送相同价值的外国货物到本国市场，前一种贸易所需资本肯定比后一种少得多。因此，如果以较小部分国内产业来生产适合葡萄牙市场需要的货物，并以较大部分生产适合其他市场需要的货物，而英国从后者得到它所需要的消费品，那就对英国更有利。这样，英国获得它需要的黄金及消费品，所使用的资本就比现在少得多。

即使英国完全不与葡萄牙通商，英国仍然不难获得每年所需的全部黄金。像一切其他商品一样，凡是能对黄金支付价值的人，总可以在某些地方得到所需要的黄金。但我们应当记住，从某一国输入了越多的黄金，则从其他各国输入的黄金就越少。对黄金的有效需求，正像对其他各种商品的有效需求一样，在任何一国都是有限度的。而且，每年从某个国家输入的黄金，超过我国所需要的数量越多，则向其他各国输出的黄金也必然越多；贸易差额，对某个国家来说越是有利于我国，则对其他许多国家来说就越不利于我国。

每年大量地输入金银，目的既不是制造器皿，也不是为了铸币，而是为了进行对外贸易，尤其是迂回的对外贸易。在一切商品中，没有一种像金银那样便于在某一外国购买再在其他外国脱手以交换其他商品了。在器皿和铸币上，每年仅需输入极少量的金银就够了，每年售出的新器皿，大部分是由旧器皿改熔制成的，新铸币大部分是由旧铸币改铸的。任何国家的流通铸币，都多少有所磨损，英国在改铸以前金币常常低于标准重量2%以上，银币低于标准重量常在8%以上。但在铸币大部分都是这样低于标准的时候，新从造币厂铸成的44.5基尼，不能在市场上购买比其他普通基尼更多的商品。因为它们在商人金柜中与其他货币混在一起了，所以只值不多于46镑14先令6便士。但是如果倒入熔炉，就能没有显著的损失生产出标准金1磅，在任何时候都可以值47镑14先令甚至48镑。因此，熔化新铸币显然有利可图。

熔化新铸币的利润，许多时候会由于铸币税而完全抵消，而在任何时候都会由于铸币税而减少。这种利润，往往是通用货币应含纯金银量与实际含纯金银量之差产生的。差额如果小于铸币税，则熔解新铸币不但得不到利润，反而有损失。

以免税来奖励铸造货币的法律，最初是在查理二世时制定的。英格兰银行为了用货币补充金柜，往往不得不将金银条块送到造币厂；他们也许认为，由政府承担造币费对自己更有利。也许就是因为这家大银行的请求，政府同意了将此法律永久化。

一种商品的税征收适度而不至于导致走私的话，那么经营这种商品的商人虽然必须垫付这种赋税，但因为他可以在商品价格上找回，所以并没有真正地纳税。最后支付这种赋税的，是最后的购买者，也就是消费者。适度的铸币税，无论如何也不会增加银行或任何把金银条块送往造币厂铸造的私人的开支；没有这适度的铸币税，也不至于减少他们的开支。无论有没有铸币税，如果通货包含了十足的标准重量，铸造就不需要任何人支付费用；如果不及这种标准重量，则铸造的费用总是等于铸币应含纯金量及实际含纯金量之差。

可见，铸造费由政府支付时，政府不仅负担了一笔小小的费用，而且还损失了一笔小小的收入，而这种徒劳的慷慨不能使银行或任何私人得到丝毫利益。如果铸币重新变得磨损贬值，铸币税会使银行免于一场重大损失。铸币如果低于标准重量，就必须年年造币以补充铸币由不断熔化及输出而产生的巨大缺额。由于这个缘故，金币改铸前的 10 年或 12 年间，每年造币平均都在 85 万镑以上。但如果当时征收了 4% 或 5% 的金币铸造税，那么即使在当时的情况下，也能有效地阻止铸币的输出与熔解。这样，银行每年就不会在用来铸 85 万镑金币的金块上损失 2.5% 了。

第七章 论殖民地

第一节 论建立新殖民地的动机

欧洲人最初在美洲及西印度群岛建立殖民地的动机，并没有古希腊和罗马建立殖民地的动机那么明显。

古希腊各邦的人口增加到自己的领土维持不了的时候，就遣送一部分人口去遥远的地方寻找新住处。他们周围好战的邻邦也使他们很难在国内大大扩张自己的领地。多里安人主要在意大利和西西里；伊沃尼亚人和伊沃利亚人（希腊另外两大部落）在小亚细亚及爱琴海各岛。母市视殖民地为已经独立的儿子，不行使直接的统治和管辖。殖民地自己规定政体和法律，自己选举官吏，甚至以独立国家的身份向邻国宣战或媾和，无需母市的批准或同意。

罗马殖民地的建立最初是因为人民吵吵闹闹地要求土地，但富豪们坚决不把任何土地分给他们。为了在某种程度上满足他们，富豪们提议建立新殖民地。当时大都把意大利被征服各地的土地指定给予他们。他们不能建立任何独立的共和国，充其量只能形成一种自治团体。这种殖民地的建立，不仅满足了人民的一部分要求，而且因为一个刚被征服的地方当地人民是否服从尚存疑问，常常借此机会在当地设置一种守备队。罗马殖民地虽然在许多方面与希腊殖民地不同，但其动机却是同样的明显。这两种制度，都起源于无可奈何的必要或明白显著的功利。

欧洲人在美洲及西印度建立殖民地，并不是出于必要，虽然事实上得到了很大的利益，但在殖民地刚刚建立的时候，谁都不知道这种利益。这种利益的性质、范围及界限，至今也还不大为人所理解。

威尼斯人在 14 世纪到 15 世纪经营一种非常有利的贸易，即把香料及其他东印度货物出售给欧洲其他国家。威尼斯人当时几乎垄断了这种贸易。威尼斯人的巨大利润诱发了葡萄牙人的贪欲。在 15 世纪，他们一直在寻找一条海上通道，到达摩尔人穿越沙漠给他们带来象牙和金砂的那些地方。他们发现了马德拉群岛、卡内里群岛、亚速尔群岛、佛德角群岛、几内亚海岸、卢安果、刚果、安哥拉、本格拉各海岸，最后发现了好望角。哥伦布于 1492 年 8 月从帕罗斯港出发，经过两三个月的航行，先发现了小巴哈马群岛，然后又发现了圣多明各大岛。

但哥伦布误以为这次航海以及以后各次航海所发现的地方就是东印度，他没有发现中国和印度的财富、土地与稠密人口，但他不愿意相信自己所发现不是马可·波罗所描写的那些地方。由于哥伦布的这一错误，那些不幸的国家从那以后一直被叫作印度。最后发现了新印度与老印度完全不相同以后，才把前者叫作西印度，后者叫作东印度，以示区别。然而所发现的地方都不富裕，哥伦布看到新发现的各地的动植物，都不足以证明这些地方是多么具有重要性，就将眼光转移到矿物上来。这样，圣多明各就被说成金矿富饶的国家，并因此被说成是西班牙国王及其国家取之不尽的真实财富的源泉。

由于哥伦布的陈述，克斯梯的枢密院决定占领这些国家。当地的居民当然没有抵抗能力。这项行动的唯一动机，就是为了占有当地的黄金宝藏。而且为了突出这一动机，哥伦布提议那里所发现的黄金的一半应归国王。这个提议也被枢密院采纳了。

继哥伦布之后的西班牙冒险家们在新世界的所有作为，似乎都出于同一动机。当这些冒险家到达一个未被发现的海岸时，首先调查的就是那里有没有金矿，根据得到的回答他们就决定是离开还是留下。

探索新金矿也许是世界上概率最小的彩票。有奖的票很少而无奖的票很多，但每一张彩票的普通价格，却是一个有钱人的全部财产。采矿的计划不仅不能补偿开矿的资本和普通利润，而且会把资本和利润亏空掉。因此，凡是要增加本国资本的精明的立法者最不愿意给予这项计划特别的鼓励，或人为地使大部分资本违反自然趋势流入这项计划。但是人类贪欲作出的判断却完全相反，即使是聪明人也常常有这种幻想。许多人有了点石成金的荒唐的欲望，也有了金银矿山无限丰饶的荒唐观念。他们没有考虑到，这些金属的价值，在所有时代和所有国家主要是由于其稀少性，而稀少性，又由于其少量的自然藏量包在坚硬和难于处理的物质中，以致挖掘并获取这些金属需要极其浩大的劳动与费用。

一个与东印度通商的计划引起了西印度的首次发现，一个征服的计划又引起了西班牙人在这些新发现的国家里的一切殖民统治。然而促使他们去征服的动机一项是发掘金矿的计划。所有其他最初企图到美洲去殖民的欧洲冒险家，也是受同样的妄想所驱使，但他们并不怎么成功。

第二节　论新殖民地繁荣的原因

文明国家占有的土地荒芜或人口稀少且土著人容易对新来的殖民者让步的殖民地，往往能够比任何其他人类社会更快地富强起来。

殖民者随身带去的关于农业和技术的知识，比未开化的野蛮民族几千年自行发展起来的知识要先进得多。同时带去的还有正规政府的观念，法制的观念以及正规司法制度的观念。每个殖民者得到的土地都多于他所能耕种的土地。他不用支付地租，也很少纳税。他的土地是那么广袤，尽他一个人的劳动以及他所能雇用的人的劳动，也不能使土地生产出它所能生产的数量的1/10。所以，他热切地从各地网罗劳动者，并以最优厚的工资来作报酬。但这么优厚的工资，加上土地的丰富和低廉，不久就使那些劳动者离开他，自己变成地主，以优厚的工资去雇佣别的劳动者。优厚的报酬鼓励了结婚。子女成年后，劳动的高价格与土地的低价格又使他们能够自立，像他们的父辈那样。

在其他国家，地租和利润吞噬了工资，两个上层阶级压迫下层阶级。但在新殖民地，两个上层阶级的利益使他们不得不更宽宏更人道地对待下层阶级；至少，那里的下层阶级不处于奴隶状态。他们不计较工资，愿在任何价格下雇佣劳动。劳动的高工资，鼓励了人口的繁殖。凡是鼓励人口和耕种的改良，也鼓励真实财富与国力的增强。

因此，许多古希腊殖民地似乎非常迅速地走向了富强，有些方面甚至能与母市抗衡，甚至超过了母市。罗马殖民地的历史，似乎没有这样辉煌，其进步要慢得多。

就优良土地丰富这一点来说，欧洲人在美洲及西印度建立的殖民地，和古希腊殖民地相似，甚至超过了古希腊殖民地。就附属于母国这一点来说，它们虽然也和古罗马殖民地相似，但因为它们离欧洲很远，使它们较少地受母国的监视和支配。因此欧洲一切殖民地，在财富、人口、改良上，都有非常大的进步。

西班牙国王由于分享金银，所以从殖民地建立之初以来，就从殖民地取得了收入。因此，西班牙殖民地从一开始就吸引着母国很大的注意，而他们在人口与农业改良方面的进步，也是非常迅速和巨大的。在墨西哥和秘鲁未被西班牙人征服以前，那里没有耕犁，不知用铁，没有铸币，贸易还是物物交换。现在，那里已经有了各种欧洲牲畜，已经使用铁和耕犁，并采用许多欧洲先进技术了。虽然当地土著人曾经遭到残杀，但这两大帝国现在的人口比从前任何时候都多。人种自然也大大改变了。必须承认，西班牙种的克里奥尔人[①]在许多方面都比古印第安人种强。

葡萄牙人在巴西的殖民地，要算是欧洲人在美洲最早的殖民地了。但由于巴西被发现后很久都没有找到金矿，所以有很长一段时期被葡萄牙人忽视了。然而，正是在这种不被注意的情况下，它发展成为了一个强大的殖民地。这个殖民地据说有 60 万以上人口，其中，有葡萄牙人及其后裔，有克里奥尔人，有葡萄牙与巴西人的混血种。没有一个美洲殖民地拥有这样多的欧洲血统。

在 15 世纪末和 16 世纪大部分时间内，西班牙与葡萄牙是大西洋上的两大海军强国。但自从所谓的无敌舰队在 16 世纪末失败以后，

---

① 西印度及南美各地的西班牙和法国移民后裔。

西班牙的海军力量也衰败了，再也没有能力阻止其他欧洲国家的殖民了。所以，在 17 世纪中，英国、法国、荷兰、丹麦、瑞典，总之，一切有海港的大国，都想在新世界中建立殖民地了。

瑞典人在新泽西殖民；丹麦人在新世界仅占有圣托马斯和圣克罗斯两个小岛；荷兰人在东印度和西印度的殖民地，原来都受一个专营公司的统治，其苏里南殖民地的发展很引人注目；法国在加拿大的殖民地，在上世纪大部分时间和本世纪一部分时间内也受一个专营公司的统治。这家公司被解散后，殖民地的进步才快得多了；法国在圣多明各的殖民地是由海盗建立的。他们在很长一段时期内不需要法国的保护也不承认法国的政权。后来，这批海盗归顺并承认了法国的政权，可是仍然非常宽大地行使权力。这期间，殖民地的人口与技术改进都发展得非常快。但进步最快的殖民地，要数英国的北美洲殖民地了。

一切新殖民地繁荣的两大原因，似乎是优良土地丰富和按照自己的方式自主地处理自己的事务。英国殖民地的政治制度，比其他三国任何一国殖民地的政治制度更有利于土地的改良与耕作。

第一，在英国殖民地，未开垦土地的垄断虽未完全消除，但比任何其他殖民地受到更多的限制。第二，长子继承制和限定继承制并不流行，拥有大量土地的人发现，转让大部分土地只留一小块缴纳免役地租的土地是对自己有利的。因此英国移民的劳动，用来改良和耕作土地的比其他三国中任何一国都多，从而所提供的产物的数量和价值也较大。第三，英国移民的劳动，不仅能够提供更多和更有价值的产物，而且由于税收适中，生产物的大部分属于他们自己，他们可储蓄起来，用以推动更大的劳动量。第四，英国殖民地在处置其剩余产物时，比任何其他欧洲国家的殖民地都处于更有利的地位，拥有更广阔的市场。每一个欧洲国家都或多或少地企图独占其殖民地的贸易，并因此禁止外国船只和它们通商，禁止它们从任何外国进口欧洲货物。

有些国家把殖民地的全部贸易交给一个专营公司经营，殖民地人民必须向这个公司购买他们所需要的一切欧洲货物，也必须把他们的剩余生产物全部卖给这个公司。有些国家没有设立这种专营公司，但限制它们殖民地的全部贸易，规定只能与母国某个特定港口通商，除在一定时期准许成队船只出航，或准许有特许状的单船出航外，其他船舶都禁止从这个港口出航。诚然，这种政策使母国全体居民都能从事殖民地贸易，只要是在适当的港口、适当的时期，使用适当的船只就行。但投资装备船只并领受特许状的商人，为了利益而合作起来，所以这样经营的贸易必然是按照类似专营公司的原则经营的。有些国家，允许它们全体人民与殖民地自由贸易，能够从母国的任何港口运输，除了海关的一般证件外，不需要任何特许状。在这种情况下，经商者人数众多而且散居各地，他们彼此间的竞争使他们不能抽取过高的利润。在这样自由的政策下，殖民地能够以合理的价格，售卖他们自己的产物和购买欧洲的商品了。

英国殖民地在剩余产品输出方面，有一定种类的商品限制输出到母国市场。这些商品列举在航海法及此后颁布的其他法令上，所以称为列举商品，其余的称为非列举商品。

在非列举商品中，有美洲及西印度的几种重要产物，例如各种谷物、木材、腌制食品、鱼类、砂糖及甜酒。非列举商品，原来允许输往世界上任何地方，但后来被定为非列举商品，只允许输往欧洲市场，限于菲尼斯特雷角以南的欧洲国家。菲尼斯特雷角以南的欧洲各国，都不是制造业国，所以我们不用担心殖民地船只会从它们那里把能妨害我国制造品的东西运来。

列举的商品有两类。第一类：美洲特有的产物，或是母国所不能生产的产物，至少是母国所不生产的产物。如蜜糖、咖啡、椰子果、烟草、红胡椒、生姜、鲸须、生丝、棉花、海狸皮和美洲其他各种毛皮等。第二类，非美洲的特产，母国也能够生产但其产量不足以供应需求，以致主要靠外国供应。属于这一类的，有一切海军用品，船桅、牙樯、松脂、柏油、松香油、生铁、铁条、铜矿、生皮、皮革、锅罐、珍珠灰等。第一类商品最大量的输入也不能妨碍母国任何产物的生产与销售。第二类商品的输入，据说也要妥善安排使之不妨碍本国同种产物的售卖，只阻止外国进口货物的售卖。英国的美洲殖民地和西印度之间的贸易，无论就列举商品或就非列举商品而言，都获得了最完全的自由。但英国对其殖民地贸易的慷慨政策，主要限于原料或初级加工品的贸易。至于殖民地产物更精致的加工，英国商人和制造者要自己经营，并请求国会以高关税或绝对禁止的，使这些制造业不能在殖民地建立。

例如英国是其殖民地砂糖输出的唯一市场，对殖民地精制食糖课税很重。因此，法国蔗糖殖民地有很发达的砂糖精制业，但在英国殖民地，除了供应殖民地本地市场的精制业外，简直没有其他砂糖精制业。英国虽然一方面允许生铁和铁条从美洲免税输入以鼓励在美洲的这种制造业，另一方面却又禁止在任何英属殖民地上建立炼钢厂及铁工厂。它甚至不允许其殖民地人民只供自身消费而制作这种加工品，而要他们向它的商人和制造者购买他们所需要的这一类产品。

禁止人民制造他们所能制造的全部物品，禁止他们把资财与劳动投在自己认为最有利的用途上，这显然是侵犯了最神圣的人权。然而，这种禁令虽然很不公正，却还没有严重地妨害殖民地。土地仍是那么低廉，劳动仍是那么昂贵，以致他们仍能以比自己制造更低廉的价格，从母国输入几乎各种精密制造品。所以，即使不禁止他们建立这一类制造业，在现有改良情况下，他们考虑到自己的利益，也许会自发地不愿经营这种行业。

作为补偿，英国又使殖民地的某些产品在自己市场上占有某种优势，所用的方法是对外国输入的同种产品征收高关税，或对殖民地输入的给予奖金。以奖金奖励殖民地产物输入的第二种方法，据我所知是英国所特有的。可是，我们的殖民地并不是独立的外国，而英国又取得了供给其殖民地一切欧洲商品的专营权，英国正可像别国对自己的殖民地一样，强制其殖民地承担这种在输入母国时征收重税的商品。但在 1763 年以前，大部分外国货物，在出口到我国殖民地和出口到任何独立的外国时一样要退税。不过，1763 年乔治三世第 15 号法令在很大程度上取消了这种宽大待遇。

必须指出，在制定关于殖民地贸易的条例时，大部分都以经营殖民地贸易的商人为主要顾问，所以，这些条例在更大程度上考虑的是商人们的利益，只在较小程度上关注殖民地或母国的利益，这一点也不奇怪。他们有专营的特权，可以运输欧洲货物供应殖民地，又可以购买殖民地不妨害他们国内贸易的那部分剩余生产物。这种专营的特权，显然是牺牲殖民地的利益，来保全商人的利益。母国的利益常常有两方面的损失：退还货物进口时所纳税的大部分，会影响母国的收入；由于有了这种退税，外国制造品能够以更有利的条件运到殖民地，使得母国制造品在殖民地市场价格下跌，会影响母国的制造业。

人们常说，德国亚麻布再输到美洲殖民地的退税，大大延缓了英国业麻布制造业的进步。但是，英国关于殖民地贸易的政策，和其他各国一样受着重商主义精神的指导。但总的说来，比起任何其他国家来不那么褊狭和难以接受。

除了对外贸易，英国殖民地人民在其他各方面都有完全的自由，可以按他们自已的方式来处理自己的事务。在一切方面，他们的自由，都和母国公民的自由相等，而且同样有个人民代表议会来保证这自由，议会享有课税以维持殖民地政府的唯一权力。一般地说，这种议会也许更受选民意志的影响。殖民地的参议院，与英国的上议院相当，但不是由世袭的贵族构成。例如在新英格兰的三个殖民地，参议院议员，不是由政府指派，而是由人民代表推选。

反之，西班牙、葡萄牙和法国的专制政治，却又在它们各自的殖民地上建立起来了。这样的政府大都授予与一切下级官吏以独断权，由于相隔遥远，独断权的执行比平常还要残暴。我们知道，在一切专制政治之下，首都比其他地区更有自由一些。君主自己不想破坏公正的制度，也不想压迫人民大众，这对他没有好处。首都由于是君主所在地，下级官吏还有所收敛和顾忌，但在遥远的地区，人民的抱怨不容易传到君主耳里，下级官吏便可以为所欲为了。但是，欧洲人在美洲的殖民地比以前所知道的最大帝国的最远省份还要远得多。有史以来，也许只有英属殖民地政府能给那么遥远的人民以完全的保护。

应该指出，用以改良法国殖民地尤其是圣多明各大殖民地的资本，几乎全部是从这些殖民地逐渐的改良与开垦中产生的。那几乎是土地和殖民地人民劳动全部的产物，是由良好的经营而逐渐积累并用来生产更多产物的那部分产物的价格。但英国蔗糖殖民地改良及开垦的资本，却大部分来自英国，并不全都是土地和殖民地人民劳动的产物。英国蔗糖殖民地的繁荣，主要原因是由于英国财富溢出，一部分流到了殖民地。但法国蔗糖殖民地繁荣的全部原因，却是殖民地人民的良好经营。

可见，对于美洲殖民地最初的建立及此后在内部管理方面的繁荣，欧洲政策几乎没有什么值得夸耀的地方。最初指导建立这些殖民地的动机，是妄想与非正义。探求金银矿，是他们的妄想；垂涎一个从未损害欧洲人而且亲切地对待欧洲早期冒险家的善良国家，足见其不义。

英国的清教徒，在国内受压制，逃往美洲寻求自由，并在新英格兰建立了四个政府；英国的天主教徒，受到的待遇更不公平，也逃至美洲，在马里兰建立了政府；教友派教徒，在宾夕法尼亚建立了政府。葡萄牙的犹太人，受宗教法庭的迫害，财产被剥夺而且被赶到巴西，他们向原本尽是罪犯与娼妇居住的殖民地传入了秩序与产业，并教他们种植甘蔗。所以，使人民迁居美洲并从事耕作的，并不是欧洲各国政府的智慧与精明，而是它们的乱政与残暴。

在这些殖民地已经建立，而且其重要性足以引起母国政府的注意时，母国最初对它们规定的一些条例，其目的就是在于保证它垄断殖民地的贸易，限制它们的市场，牺牲它们以扩大自己的市场。因此，与其说是促进了它们的繁荣，倒不如说压制妨碍了它们的发展。那么，欧洲政策究竟在什么方面有助于美洲殖民地最初的建立及现在的繁荣呢？只体现在一个方面：它哺育和造就了能够完成如此伟大事业、建立如此伟大帝国的人才。这些殖民地应当把它们富有积极进取心的建设者所受的教育与他们具有的伟大眼光归功于欧洲政策。

第三节　美洲的发现以及经好望角到东印度的通道的发现对于欧洲的利益

欧洲从美洲的发现和殖民得到了什么利益呢？这些利益可分成两类：第一，作为一个大国，欧洲从这些大事件中得到的一般利益；第二，各殖民国家从所属殖民地所得到的特殊利益。

作为一个大国，欧洲从美洲取得了以下的一般利益：一是享乐用品增加了；二是产业扩大了。输入欧洲的美洲剩余生产物，给欧洲大陆居民提供了许多种类的商品，其中有的是便利品与必需品，有的是装饰品，因此增加了他们的享乐用品。同时很明显，美洲的发现与拓殖，促进了各国的产业。首先是与美洲直接通商的国家，如西班牙、葡萄牙、法国、英国；其次是不直接与美洲通商，但以他国为中介，把大量货物送到美洲的国家，如奥地利的法兰德斯和德国的几个省。这些国家显然获得了更加广阔的市场来销售他们的剩余产物，因而受到鼓励去增加剩余产物的数量。对于从来没有把产品运到美洲而且从来没有接收任何美洲产品的国家，也可能起增加享乐用品和扩大产业的作用。就是这些国家，也可能从那些与美洲通商因而增加了剩余产物的国家收到更多的其他商品，于是就有更多新的等价物呈现在它们面前来交换它们产业的剩余生产物了。

母国专营的贸易，一般会减少母国特别是美洲殖民地的享乐用品和产业，至少会使之不能正常发展的一定水平。这种专营贸易使殖民地产物在一切其他国家更贵起来，这样就减少了生产物的消费，因而缩减了殖民地的产业和一切其他国家的享乐用品与产业。因为享乐用品价格高的话，数量便减少，生产所得的价格较低，生产便减少。这是一种障碍。某些国家，为了所谓的利益妨碍了一切其他国家的享乐用品与产业，而殖民地所受的妨碍特别大。

各殖民国家从所属殖民地得到的特殊利益，也有两类：一是各帝国从所属殖民地得到的一般利益；二是那些由欧洲在美洲的殖民地这一非常特殊的性质造成的特殊利益。

各帝国得到的一般利益是各领地所提供的军事力量和维持帝国政府的收入。罗马殖民地有时同时提供了这两种利益；希腊殖民地，有时提供兵力，但几乎从不提供任何收入；欧洲在美洲的殖民地，从来不提供任何兵力来保卫母国；只有西班牙和葡萄牙殖民地，提供了收入以保卫母国或维持母国政府。

这一切特殊利益的唯一源泉是专营贸易。例如，由于这种专营贸易，那部分被称为列举商品的英属殖民地的剩余产物就只能输往英国，其他国家不得不向英国购买这些产品。于是，这些产品在英国必比在任何其他国家低廉，因此与任何其他国家比较，必然在更大程度上促进英国享乐用品的增加，也必然在更大程度上促进英国产业的扩大。但这种利益，与其说是绝对的利益，不如说是相对的利益；进行专营贸易的国家所享有的优越的利益，与其说是由于奖励本国的生产使其发展超过贸易自由情况下自然的发展，倒不如说是由于抑制其他各国的产业与生产。例如，马里兰和弗吉尼亚烟草，因为英国享有垄断权能以较低的价格输入英国，而法国所需烟草的大部分通常要从英国转运，所以烟草在法国的价格较为昂贵。如果法国能随时与马里兰和弗吉尼亚自由通商，那么这些殖民地的烟草就不但能以比今天的实际价格低的价格输入法国，而且能以更低的价格输入英国。

但是，英国为了要取得殖民地贸易中的相对利益，为了要尽量排斥他国分享殖民地贸易，不仅牺牲了一部分它和一切其他国家本来能从此贸易取得的绝对利益，而且使它自己几乎在一切其他贸易部门处于一种绝对不利和一种相对不利地位。

外国资本从殖民地贸易中撤除出去，会提高这种贸易的利润，并且必然把其他贸易部门资本的一部分吸引过来。资本这样的转移，必然增加殖民地贸易中资本的竞争，因而必然减少其他贸易部门中资本的竞争；必然减低前者的利润，因而提高后者的利润。从一切其他贸易吸引资本以及提高所有贸易的利润率使之略高于以前的利润率这双重的效应，不仅是这种垄断权建立之初所产生的结果，而且是有垄断权以来就不断产生的结果。

第一，这种垄断权，不断地从一切其他贸易吸引资本投入殖民地贸易。一国的对外贸易，自然按其财富增加的比例而增加，其剩余产物又自然按其全部产物增加的比例而增加。英国把几乎全部殖民地对外贸易都据为己有，而其资本却没和殖民地对外贸易量按同一比例增加。所以只能不断地从其他贸易部门吸取一部分原先投在那里的资本，并吸取比原先更大的资本。因此，自从航海法制定以来，殖民地贸易不断增加，而其他许多对外贸易部门，尤其是对欧洲其他各国的对外贸易却不断下降。英国资本大大增加，但没和殖民地贸易以同一比例增加。

第二，这种垄断权必然会提高英国各贸易部门的利润率，使其超过一切国家都可自由与英属殖民地通商时的自然利润率。自航海法制定以来，英国的商业资本不管在任何时期的状况怎样，殖民地贸易的垄断必然提高英国普通利润率，使英国这一贸易部门及一切其他贸易部门的利润率高于没有这种垄断的情况。

但是，使一国违反自然趋势提高普通利润率的，也必然使它的各种没有垄断权的贸易蒙受绝对的和相对的不利。绝对的不利，是因为在这些贸易部门，商人如果不以比原来更高的价格售卖外国输入品及本国输出品，就不能取得较大的利润；相对的不利，是因为在这些贸易部门，不蒙受绝对不利的其他国家和它比较，将处于比以前更有利的地位。于是，其他国家能比它享受更多，生产更多。

我们可以恰当地说，英国资本就是按这种情况，从没有垄断权的各种贸易部门尤其是欧洲和地中海沿岸各国贸易中，部分被吸引过去，部分被排除出去。殖民地贸易的垄断把一部分其他贸易部门的英国资本吸引过去，也使许多没有垄断时不会投在这些部门的外国资本流入这些部门。它使英国资本的竞争减少了，因而英国的利润率超过了应有水平。反之，它使外国资本的竞争增加，因而使外国的利润率低于应有的水平。这两种作用，显然使英国在所有其他贸易部门蒙受相对的不利。

也许有人说，殖民地贸易比任何贸易都对英国更有利，而垄断迫使更大一部分资本投入这种贸易，这样就使资本转到对英国更有利的用途。最有利的资本用途，是能够维持最大量的生产性劳动和最能增加土地劳动年产物的用途。投在消费品对外贸易上的资本所能维持的本国生产性劳动量，是与其往返的次数成比例的。例如，1000 镑资本，在每年往返一次的消费品对外贸易上所能继续雇用的本国生产性劳动量，等于 1000 镑每年所能维持的本国生产性劳动量。如果一年往返两次或三次，则所能继续雇用的本国生产性劳动量，等于 2000 镑或 3000 镑所能维持的本国生产性劳动量。所以一般地说，对邻国进行的消费品对外贸易，比对远国进行的更有利；直接的消费品对外贸易，比迂回的消费品对外贸易更有利。

但殖民地贸易的垄断，却在一切情况下，迫使一部分资本从邻国的消费品对外贸易，流入远国的消费品对外贸易。而在多数情况下迫使一部分资本从直接的消费品对外贸易，流入迂回的消费品对外贸易。

殖民地贸易的垄断，也迫使一部分英国资本从消费品对外贸易，流入转运贸易，因而使用以维持英国产业的资本，一部分用来维持殖民地的劳动，一部分用来维持其他各国的劳动。

此外，殖民地贸易的垄断，迫使超过自然很大一部分的英国资本，流入这种贸易，这就完全破坏了英国一切产业部门之间的自然平衡。英国的贸易不在大量小的商业系统进行，却被引到一个大的商业系统上去。这样，它的整个商业系统变得不那么安全了，其政治组织的全部状态也变得不健康了。小血管内血液循环停滞，血液很容易流到大血管，不会引起任何危险性疾病。但是，任何大血管的血液要是停滞，其结果就是痉挛，半身不遂，甚至死亡。那么我国的主要制造业，如果有一大部分突然完全停止运营，必定会引起很大的紊乱与惊慌。

要把英国从这种危险中拯救出来，使英国一切产业部门恢复到自然和健全的唯一的办法，似乎就是适度地、逐渐地放宽给英国以殖民地贸易垄断权的法律，一直到有很大程度的自由贸易为止。

我们必须仔细区别殖民地贸易的影响和殖民地贸易垄断的影响。前者总是而且必然是有利的；后者总是而且必然是有害的。但即使殖民地贸易被垄断，而垄断又是那么的有害，就整体来说殖民地贸易仍然是有利的。

在自然与自由状态下，殖民地贸易的结果，为英国的邻近市场即欧洲与地中海沿岸各国市场所不能容纳的那一部分产物，开拓了一个虽远但却极大的市场。这会鼓励英国不断增加其剩余生产物，倾向于增加生产性劳动量，而不改变其原先的用途，所有其他国家的竞争会使新市场或新行业上的利润率不会提高到普通水平之上。反之，殖民地贸易的垄断，由于排斥其他国家的竞争，从而提高新市场及新行业的利润率，必然使那里每年所维持的生产性劳动量，每年所生产的土地和劳动的生产物量，比原来的少。这样就使居民的收入低于自然状态下的收入，因而减少他们的积累能力。

在西班牙和葡萄牙，垄断的消极影响几乎把殖民地贸易自然的良好影响抵消了。其他原因似乎是：其他各种垄断；金银价值比其他大多数国家低；对出口征收不适当的税以致排除在外国市场之外，对国内各地间货物的运输征收不适当的税以致缩小了国内市场；最重要的是司法制度的不规范与不公平，保护有钱有势的债务人，常常使劳动人民不敢制造货物来供这些大人物消费。

反之，在英国，殖民地贸易自然的良好影响，加上其他原因，在很大程度上克服了垄断的消极影响。这些其他原因似乎是：贸易的一般自由，虽有众多限制但与其他国家比较也许有更大的自由；出口自由，本国的产物，几乎无论什么种类无论出口什么国家，都能免税输出；更重要的是，本国的产物在国内任何两地间运输有毫无限制的自由；最重要的是，平等而公平的司法制度使最底层的人民的权利也被最上层人民尊重，使每个人能拥有自己的劳动果实，这样就对各种产业给予最大而且最有效的鼓励。

但是，如果英国制造业由于殖民地贸易而有所促进，那不是对殖民地贸易垄断的功劳，而是垄断以外的其他途径的结果。一个很大的收入来源——劳动的工资——由于有了这种垄断，必定在各个时候都不像没有垄断的情况那么富足。垄断提高了商业利润率，因而妨碍了土地的改良。凡是提高商业利润率的措施，都会使土地改良的高利润降低，或使其低利润降得更低。前者使资本不流入土地改良的用途；后者把资本从改良用途吸引出来。由于垄断妨碍土地的改良，就必定延缓另一个大的收入来源——土地的地租——的自然增加。此外，垄断提高利润率，就势必提高市场利息率，但与地租成比例的土地的价格，必然随利息率上升而下降，随利息率下降而上升。因此，垄断在两方面损害了地主的利益：延缓地租的自然增加，并延缓与地租成比例的土地价格的自然增加。垄断使一切收入的原始来源，即劳动的工资、土地的地租和资本的利润，在很大程度上，不像没有垄断时那么富足。为了要促进一个国家一小部分人的利益，垄断妨害了这个国家一切其他阶级的利益和一切其他国家所有阶级的利益。

高利润率什么地方都会破坏商人在其他情况下自然会有的节俭性。利润很高时，俭朴似乎是多余的，而穷奢极侈似乎更适合他们宽裕的境况。大商业资本所有者，必然是全国实业界的领袖和指导者。他们做出的榜样对国内全部勤劳大众的生活方式的影响，比任何其他阶级的影响要大得多。于是垄断给一个阶层带来的单一利益，却在许多不同方面损害国家的一般利益。

仅仅为了把人民培养成顾客而建立一个大帝国的计划，乍看起来似乎仅仅适合于小本商人的国家。你对一个小本商人说，你卖给我一块地皮，我就会永远在你的铺子里买衣物，虽然你铺子里的价格比别家要贵。也许你会发现他不会很兴奋地接受你的提议。但如果另一个人卖给你这样一块地皮，并吩咐你要在那个小本商人铺子里购买你所需要的一切衣物，这小商人对他会感激不尽。有些英国人在国内不能安居，英国就这样给他们在远方购买了一大块地皮。

英国统治殖民地的主要目的，更确切地说唯一目的，就是维持垄断权。殖民地从来没有提供任何收入来维持母国的政府，也没有提供任何兵力来维持母国的国防；其主要利益据说就是这种专营的贸易。英国一直以来用以维持这种殖民地的开支，其实都是用以维持这种垄断。1739 年开始的西班牙战争，主要是殖民地战争。其主要目的，是阻止搜查殖民地与西班牙本土进行秘密贸易的船只。这全部开支，其实等于维持垄断的奖金。其对外提出的目的，虽然是奖励英国制造业和发展英国商业，但其实际结果却是提高商业利润率，使我国商人能把更大一部分的资本转投到回收较慢而间隔较长的贸易部门。所以，在现在的管理下，英国统治其殖民地毫无所得，只有损失。

没有一个国家自动放弃过任何地方的统治权，不管这个地方是怎样难统治，不管它所提供的收入与其所造成的开支相比是怎样微不足道。这种牺牲虽然往往符合一个国家的利益，但总会损害一国的威信。更重要的是，这种牺牲往往不符合其统治阶级的私人利益，因为他们的许多责任和利润的支配权将被剥夺，许多获取财富与荣誉的机会也将被剥夺。但如果放弃统治真的被采纳，英国不仅能立即摆脱掉殖民地每年的全部军费开支，而且可以与殖民地订立条约，有效地确保自由贸易，那么与今天享受的垄断权相比，虽然对商人不怎么有利，但对人民大众却更为有利。

一个省份要有利于其所属的帝国，其平时为国家提供的收入，不仅要足够支付其平时编制的全部军费，而且要按比例提供收入来维持帝国的政府。而大家都会承认，英国从殖民地取得的收入对于英帝国的贡献是远远不够的。这种垄断，虽对殖民地是一项极重的赋税，虽可增加英国某个阶层人民的收入，但却不增加人民大众的收入。反而会减少人民大众的收入，因此不仅不增加人民大众的纳税能力，反而减少人民大众的纳税能力。

殖民地可以由自己的议会征税，也可以由英国议会征税。殖民地的议会，似乎不可能投票通过向当地人民征收足够的公共收入。此外，殖民地议会，对于整个帝国的国防经费及维持费，不可能是适当的评判者，也没有经常得到有关信息的手段。帝国的国防和维持所需要的经费，各省所负担的比例是多少，只能由监督和指挥全国事务的议会作适当的判断。

于是有人建议，应当向殖民地以派征的办法征税，即各殖民地应纳的数额由英国议会决定，而省议会则按各省自己的情况去决定最适的征收方法。这样，关于整个帝国的事务由监督和指挥全国事务的议会决定，而各殖民地当地的事务可由其自己的议会决定。各省不按同一办法同一标准课税，在其他帝国也不乏先例。法国有些省份，国王仅仅决定税收数额，而由省议会来决定征收办法。而这些据说是法国治理得最好的省。

不过，法国对于有权组织议会的那些省份的统治权已经巩固，但英国却没有确立同样的统治权。殖民地议会如果不十分乐意，仍然有许多借口来逃避或拒绝国会最合理的派征。其他国家一般将国防开支的绝大部分摊在自己的从属省份，从而减轻自己的负担。英国却一向把这开支的几乎全部都放在本国，从而解除从属省份的负担。

如果英国国会充分确立了没有殖民地议会的同意即可对殖民地课税的权利，那么这些议会的重要地位马上就会终结，而美洲殖民地领导人物的重要地位，也就跟着终结了。人们所以要参与公共事务的管理，主要是为了取得重要地位。一个自由政府组织的安定和持久，取决于这个国家大部分的领导人如何保持或保卫其重要地位。所以，国内派别活动和阴谋活动，就在于这些领袖人物不断地互相攻击以保卫各自的重要地位。美洲的领导人物拒绝议会派征赋税的建议，他们像其他野心勃勃、趾高气扬的人一样，宁愿拿起武器来保卫自己的重要地位。

现在，英国国会坚决主张对殖民地课税，而殖民地则拒绝由自己没有选派代表出席的国会来课税，如果对每个有意脱离联盟的殖民地，英国都允许它按所纳国税的比例选举代表，而且代表人数随其纳税的增加而增加——那么各殖民地的领导人物就有了一种夺取重要地位的新方法了。我们应当知道，提高以流血的方法强迫他们服从我们，那流出的每一滴血都是我们自己国民的血。

我们不必担心美洲代表的众多会打破整个机构的均衡，一方面过度地增加国王势力，另一方面过度地增加民主的力量。但是如果美洲代表的人数与美洲所纳的税成比例，那么受统治人数的增加将与统治手段的增加完全成比例；而统治手段的增加也将与受统治人数的增加完全成比例。联合之后，君主势力与民主势力仍和联合之前一样，彼此间必定保持同等程度的相对实力。

美洲的发现以及经好望角到东印度航线的发现，是人类历史上最大最重要的两件事。它们在一定程度上使世界上最遥远的地区联合起来，使它们互相调节彼此的需要，增加彼此的享受，奖励彼此的产业，其一般倾向似乎是有利的。可是，对于东西印度的当地原住民来说，一切商业上的利益却被它们所引起的不幸完全抵消了。不过这种不幸似乎是出自偶然，并不是这两件事的本来性质。

同时，这两大发现的一个重要结果是促进了重商主义的发展，使其达到否则决不能达到的显赫和壮大程度。这个主义的目标，不是由土地改良及耕作而富国，而是由商业及制造业而富国；不是由农村产业而富国，而是由城市产业而富国。占有美洲殖民地并直接与东印度通商的国家，表面上享受着这一大商业的全部。但其他国家虽受排斥和限制，却往往享受这一大商业实际利益的更大部分。例如，西班牙和葡萄牙的殖民地，对于其他国家产业所提供的实际鼓励就比它们本国产业所受的鼓励大。连一个国家订立的保证其所属殖民地专营贸易的条例，也往往在较大程度上有害于条例所要施惠的国家，而在较小程度上有害于所要提防的国家。

可是，欧洲各国虽都企图用各种不正当方法垄断其所属殖民地贸易的全部利益，但没有一个国家，除了担负平时维持和战时保卫殖民地的统治权的开支以外，能再得到什么好处。由占有殖民地而产生的困难倒全是落在了国家头上。

乍看起来，对美洲贸易的垄断似乎是一种最高价值的收获。但是，正是这个目标的炫丽外衣，使垄断这种贸易具有了有害的性质。换言之，使一种用途吸收了比自然状态下更大部分的国家资本。

重商主义的一切法规，必然或多或少地打乱了这种自然而又最有利的资本分配。但关于美洲及东印度贸易的法规比其他任何法规，更为严重地打乱了这种分配。因为，这两大洲的贸易，都吸收了比任何其他两个贸易部门所吸收的更大的资本。不过，给这两个贸易部门造成混乱的法规，却又不是完全相同的。二者都以垄断为主要手段，但垄断的类型不同。

在对美洲的贸易中，各国都企图垄断其所属殖民地的全部市场，并完全排斥其他各国与其所属殖民地直接通商。在16世纪的大部分时间，葡萄牙人声称他们拥有印度各海的唯一航行权，因为是他们首先发现了这一航线。荷兰人仍继续排斥欧洲一切其他国家与其香料产地直接通商。

从葡萄牙的势力衰弱以来，印度各海的主要海港均已对所有欧洲国家开放，但除了葡萄牙及近来的法国，欧洲各国的东印度贸易，都由一个专营公司全权代理。这种垄断，实际上妨害了实行垄断的国家的利益。

这两种垄断都会破坏社会资本的自然分配，但以不同的方式破坏。第一种垄断是违反自然趋势吸引大部分的社会资本流入享有垄断权的特殊贸易。第二种垄断在贫国吸引资本流入享有垄断权的特殊贸易，在富国又排斥资本流入这种贸易。

例如，像瑞典和丹麦那样的贫国，东印度贸易如果不受一个专营公司的垄断，也许根本不会派一艘船到东印度去。他们的垄断权，使他们在国内市场上能抵制一切竞争者，而在外国市场上又和他国有同样的机会。反之，像荷兰那样的富国在贸易自由的情况下，也许会派比现在多得多的船只到东印度去。荷兰东印度公司有限制的资本，使许多本来会流入这种贸易的大商业资本不流入这种贸易。

资本自然分配的打乱，必然妨害产生这种现象的社会，不论是排斥资本流入一个贸易部门，或是吸引资本流入这个特定部门。如果没有任何专营公司，荷兰对东印度的贸易一定比现在更大，而它的一部分资本会由于不能投在最有利的用途上而遭受很大的损失。同样，如果没有任何专营公司，瑞典和丹麦对东印度的贸易将比现在小，也许根本不会存在，而它们的一部分资本投在不适合的用途上，当然是很大的损失。按照它们现在的情况，更好的做法是向他国购买东印度货物，尽管出价会高一些，而不应该从小额资本中抽出那么大一部分来经营遥远的贸易，其回收又是那么缓慢，所能维持的国内生产性劳动量又是那么小。

所以，虽然有个别国家没有专营公司就不能与东印度进行直接的贸易，但不能据此断言，这样的公司应在那里设立。葡萄牙的经验充分证明，这样的公司并不是经营东印度贸易所必不可少的。

欧洲人在非洲海岸及东印度占有许多重要的领地，但在这些地方，他们却没有建立像美洲各岛及美洲大陆那么多富庶的殖民地。非洲或东印度大部分的民族，都是游牧民族；但美洲各地的土人，除了墨西哥及秘鲁，都是狩猎民族。同样肥沃和同等面积的土地，所能维持的游牧人数与狩猎人数，相差很大。所以，在非洲及东印度，要想迫使土人离开并把欧洲殖民地推广到土人居住的大部分地方，就比较困难。

英国和荷兰两国的公司，在东印度征服了许多地方。在它们统治新属民的方法上，这种专营公司所固有的特点暴露得最为明显。据说，在各香料产岛，荷兰人往往把丰年所产的香料过多的部分焚毁，唯恐不能提供他们认为满足的利润。如果这些岛上的产物超过了他们市场的需要，他们就害怕土人会把其中一些运到其他国家，于是保证垄断最好的办法就是使产物不超过他们市场的需要。通过各种压迫手段，他们减少了摩鹿加群岛中若干岛的人口，使其人数只够以新鲜食品及其他必需品供给少数守备队和他们不时来运香料的船只。但是，即使在葡萄牙的统治下，那些岛据说人口是很稠密的。

但是，再也没有比这个破坏性的计划，更直接违反这种公司的利益的了。几乎一切统治者的收入，都来自人民的收入。人民的收入越大，他们土地劳动的年产物就越多，他们能给统治者上缴的数额就越大。所以，统治者为了自己利益，应该给国家生产物开拓最广泛的市场，准许最完全的贸易自由，以尽量增加购买者的人数及竞争；不仅应废除一切垄断，而且应废除一切限制本国生产物由这一地方到那一地方的运输，本国生产物到外国的输出，和能与本国生产物交换的任何商品的输入。

但是，商人群体似乎不可能把自己看作统治者，他们为了达到高利润的目的，企图从他们所统治国家的市场上，尽可能驱逐所有竞争者，至少把所统治国家的剩余生产物减少一部分，仅足够供给他们自己的需要，使他们在欧洲售卖能得到自己认为合理的利润。这样，商人的习惯不知不觉地使他们在一切场合，宁愿获得垄断者微小的暂时的利润，而不愿获得统治者巨大的永久的收入。

这样一个公司对印度的统治更是这样。这个统治机构几乎等于一个商人协会。他们本来的职务，是尽可能以高价售卖欧洲货物，以低价买回印度货物。此外，一切行政部门人员，都或多或少地自己经营贸易，要加以禁止是徒劳的。让一个万里以外几乎完全不受监督的行政人员，单凭一纸命令就立即放弃一切生意，永远放弃一切发财的希望，而满足于主人所认可的有限的薪水，那真是再荒唐不过了。公司人员的私自的贸易，比公司的贸易能推广到更多的商品种类；公司的垄断，仅会抑制贸易自由时要出口欧洲的那一部分剩余生产物的自然生长；公司人员的垄断，却将损害他们要经营的一切产物。

我无意诋毁东印度公司职员的一般品格，我所要谴责的，是政治组织，是这些人员所处的地位，并不是这些人员的品格。他们的行为正符合他们的地位；大声斥责他们的人，自己也不见得做得更好。所以，无论就哪一点说，这种专营公司都是有害的；它总会给设立此公司的国家带来困难，而对于不幸受此公司统治的国家，它总会带来破坏性。

第八章 关于重商主义的结论

虽然重商主义提出的两大富国手段是奖励出口和抑制进口，但对于某些特定商品，所奉行的政策又与此相反，即奖励进口和抑制出口。但其最后的目标总是相同的，那就是通过有利的贸易差额使国家富裕起来。

工业原料的进口，有时得到免关税的鼓励，有时直接发给奖金。羊毛从几个国家的进口，棉花从一切国家的进口，生麻、大部分染料和大部分生皮从爱尔兰或英领殖民地的进口，生铁和铁条从英领殖民地的进口，以及其他几种工业原料的进口，如果按正当手续报关，即可得到免除一切课税的奖励。享受奖金而进口的工业原料，主要是从我国美洲殖民地进口的原料。这些商品，如果从美洲输入我们就给以奖金，如果从任何其他国家输入就必须缴纳很高的关税。美洲殖民地的利益，被认为与祖国的利益是一致的。他们的财富被看作是我们的财富。据说出口到他们那里去的货币，会由于贸易差额全部回到我们这里来。这一个制度的愚蠢，已被经验暴露无遗，我们无须多说了。

工业原料的出口，有时受到绝对禁止，有时征收很高的关税。我国的呢绒制造者成功地说服了国会，不仅绝对禁止外国呢绒进口，而且禁止活羊及羊毛出口。为了防止出口，国内羊毛贸易全部受到苛刻而烦琐的限制。羊毛不得装在箱内、桶内、匣内，只可用布或皮革包装，外面必须写上3英寸长的大字“羊毛”或“毛线”，否则没收货物及其包装，每磅罚款3先令，由所有者或包装者交纳。除了在日出及日落之间，羊毛不允许由马或马车搬运，也不可以在离海岸5英里以内由陆路运输，否则没收货物及马车。邻近海岸的地区，可在一年内对由当地或经过当地运出或输出羊毛的人提出控诉，羊毛价格不及10镑的，罚款20镑；在10镑以上的，罚款3倍原价及3倍诉讼费。境内贸易受这样的限制，沿海贸易也不会自由到哪里去。羊毛所有者，要运输或企图运输羊毛到沿海港口以便由海道运至其他港口，必须先到出口港登记羊毛包数、重量及记号才能将羊毛运输到离出口港5英里以内的地方，否则没收羊毛，并没收马车或其他车辆，还有其他各种禁止羊毛输出的法律规定的各种处罚。

呢绒制造者说英国羊毛具有特殊的品质，比任何其他国家的羊毛都好，其他国家的羊毛如果不掺入英国羊毛就不能造出有相当质量的制造品。因此说英国如果能完全防止本国羊毛出口，就能垄断几乎全世界的呢绒业；没有了竞争，他就可以在短期间内以最有利的贸易差额取得巨大的财富。这种学说，为多数人民所盲目相信，至于不懂得呢绒业或没有研究过呢绒业的人，几乎深信不疑。其实，上好的呢绒全是由西班牙羊毛织成的，把英国羊毛掺到西班牙羊毛中还会在一定程度上降低呢绒的质量。

这些规定的结果，是降低了羊毛价格，就像预期的效果那样。羊毛的生产，不是牧羊者使用其劳动及资本的主要目标。他是从羊肉而不是羊毛希望得到利润的。在多数情况下，羊肉的平均或普通价格可以补偿羊毛平均或普通价格的不足。所以，在得到改良及耕作发达的国家，羊毛价格的降低，不致引起其年产量的减少。这对于羊毛品质的影响也不大。羊毛的优劣，在很大程度上取决于羊的健康、发育与躯体；改良羊肉所必要的措施已经足够改良羊毛了。所以，这些规定的粗暴，对羊毛年产量及其品质的影响似乎没达到人们预期的那么大；羊毛生产者的利益虽然在一定程度上受到了损害，但总的说来并不像想象的那么大。但是，这决不能证明绝对禁止羊毛出口是正当的，只不过充分证明，对羊毛出口课以重税，是可以的。

各阶层人民应该得到公正平等的待遇，仅仅为了促进一个阶层的利益而损害另一个阶层的利益，显然是违背这个原则的。这种禁令，正是仅仅为了促进羊毛制造者的利益而伤害了羊毛生产者的利益。各阶层人民都有纳税以支持君主或国家的义务。每出口羊毛托德[①]课税5先令甚至10先令，就会给君主提供很大的一笔收入。这种课税对羊毛生产者利益的损害会小一些。既想为君主提供很大收入，同时又对任何人都不会引起困难的赋税，几乎是不存在的。

虽然有禁止出口的各种处罚，这种禁令并没有防止羊毛的出口。大家都知道，每年羊毛仍是大量出口的。外国市场与本国市场羊毛价格上巨大的差额，对于羊毛走私是那么大的诱惑，以致严厉的法律也无济于事。

不完全禁止出口的工业原料，往往在出口时课以重税。乔治一世八年第15号法令规定，所有英国货物，按以前法令在出口时曾经纳税的，一律免税出口。但下列货物例外：明矾、铅、铅矿、锡、鞣

① 衡量羊毛重要的单位，通常为28磅。

皮、绿矾、煤炭、梳毛机、白呢绒、菱锌矿、各种兽皮、胶、兔毛、野兔毛、各种毛、马匹、黄色氧化铅矿。这些物品，除了马匹，都是工业原料、半制成品或职业用具。

但生产工具的进口，一般不是通过高关税而是通过绝对禁止来限制的。例如，威廉三世七年和八年第 20 号法令第 8 条规定，织手套的织机或机械禁止进口，违者不仅没收织机或机械而且罚款 40 镑，一半归国王，一半归举报人。同样，活的生产工具即技工的出口也不是自由的。乔治一世五年第 27 号法令规定，凡引诱英国技工或制造业工人到外国去谋生或传授手艺者，初犯处以 100 镑以下的罚金，判处 3 个月徒刑，并继续拘留到罚金付清为止。

这一切规定值得称赞的动机，是推广我国的制造业。但方法不是靠改良自己的制造业，而是靠抑制邻国的制造业，并尽可能消灭一切竞争者的竞争。消费是一切生产的唯一目的，而只能在促进消费者利益的同时，才应当注意生产者的利益，这原则是不言自明的。但在重商主义体系中，消费者的利益，几乎都为了生产者的利益而被牺牲了，重商主义似乎不是把消费而是把生产看作一切工商业的终极目的。对于能与本国产物和制造品竞争的一切外国商品在进口时加以限制，就显然是为了生产者的利益而牺牲国内消费者的利益了，而后者不得不支付垄断所抬高的价格。对于本国某些生产物，在进口时发给奖金，也都是为了生产者的利益。国内消费者不得不缴纳的，第一为支付奖金所必要的赋税；第二是商品在国内市场上价格抬高所必然产生的更大的赋税。

要确定谁是重商主义体系的设计者并不难。我相信绝不是消费者，因为消费者的利益完全被忽视了，一定是生产者，因为生产者的利益受到了如此周到的照顾。在生产者中，商人与制造业者又是主要的设计者。在本章所讨论的商业条例中，制造者的利益都受到了最特别的关照，而被牺牲了的，除了消费者的利益还有其他一些生产者的利益。

第九章　论重农主义

把土地生产物看作国家收入和财富的唯一来源的体系，据我所知，从来没有被任何国家采用过；现在它只在少数博学多才的法国学者的理论中存在着。

路易十四著名的大臣科尔伯特（Colbert）为人精明，但却抱有重商主义的一切偏见。这种体系的实质，是一种限制与管制的学说。这种体系更多地鼓励城市产业，很少鼓励农村产业；而且其甚至压抑农村产业来支持城市产业。由于在科尔伯特的制度中，和农村产业比较，城市产业的确是受到过分的重视，所以正相反，在重农主义学者的理论中，城市产业就必定受到过分的轻视。

他们把一般认为在任何方面对一国土地和劳动的年产物有所贡献的各个阶级的人民，分为三种。第一种，土地所有者阶级；第二种，耕作者，即农场主和农村劳动阶级，他们给这一阶级以生产阶级的光荣称号；第三种，工匠、制造者和商人阶级，对于这一阶级，他们给予不生产阶级这一不名誉的称号。

所有者阶级对年产物的贡献，是因为他们在土地改良上，即在建筑物、排水沟、围墙及其他改良或保养上的支出。这种支出，在这个体系中称为土地费用。

耕作者或农场主对年产物的贡献，是他们耕作土地的支出。在重农主义体系中，这种费用称为原始费用和每年费用。原始费用包括：农具、耕畜、种子以及农场主的家属、雇工和牲畜。每年费用包括：种子、农具的磨损以及农场主的雇工、耕畜和家属每年的维持费。他们的原始费用和每年费用，在这种学说中也被称为生产性费用，因为这种费用除了补偿自身的价值，还能支持这个净产物每年的再生产。

所谓土地费用，即地主用来改良土地的支出，在这种体系中也被尊称为生产性费用。这种费用的全部连带资本的普通利润，在还未得到完全补偿以前，提高的地租应该看作是神圣不可侵犯的，教会不应课以什一税，国王也不应课以赋税。

在这种体系中被称为生产性费用的，就只有这三种：地主的土地费用、农场主的原始费用和每年费用。其他所有费用和其他所有阶级的人民，即使按一般理解被认为是最生产的那些人，按这个理论的理解也被视为是完全不生产的。按人们一般的见解，技工与制造者的劳动，能大大增加土地原产物的价值，但在这种学说中，技工和制造者却特别被视为完全不生产的阶级。制造业资本的利润和土地的地租不一样，不是偿还全部费用以后留下的净产物。农场主的资本所提供的利润像制造者的资本一样，但农场主还向他人提供地租，制造者的资本却不能。所以用来雇用并维持技工和制造业工人的费用，只不过使它自身价值的存在延续下去，并不能生产任何新的价值。因此，它是不生产的费用。商业资本和制造业资本一样是不生产的，它只能延续它自身价值的存在，不能生产任何新价值。

技工和制造业者的劳动，不能增加每年土地原产物的价值。例如，制造一对花边的人，有时能够把值 1 便士的亚麻的价值提高到 30 镑。乍看起来他似乎把一部分原产物的价值，提高了约 7200 倍，但这种花边的制造，也许要耗费他两年劳动，花边制成后所得的那 30 镑，只不过偿还了这两年他给自己垫付的生活资料罢了。所以，无论在什么时候，他对每年土地原产物的价值都没有增加什么，他不断消费的那部分原产物，总是等于他不断生产的价值。

技工、制造业者和商人，只能靠节俭来增加社会的收入和财富，即剥夺自己生活资料基金的一部分，以增加社会的收入和财富。他们每年再生产的只是这种基金。反之，农场主和农村劳动者却可以享受自己的全部生活资料基金，同时还能增加社会的收入和财富。所以，像法国和英国那样地主和耕作者占人口大部分的国家，就能靠勤劳和享受富裕起来。反之，像荷兰和汉堡那样技工和制造业工人占人口大部分的国家，却只能靠节俭与克己而致富。情况如此不同的国家，国民性格也大不相同。在前一种国家，宽大、坦白和友爱成为普通国民性格的一部分；在后一种国家中，则是褊狭、卑鄙和自私，厌恶一切社会娱乐与享受。

不生产阶级，即商人、技工和制造业者的阶级，完全是由其他两个阶级——土地所有者阶级和耕作者阶级——维持与雇用的。不生产阶级的工作原料、生活资料基金，还有在工作时所消费的谷物和牲畜，由他们供给。不生产阶级所有工人的工资以及他们的雇主的利润，最终都由地主及耕作者支付。

对于其他两个阶级，这个不生产阶级不仅有用，而且是大大有用。有了商人、技工和制造业工人的劳动，地主与耕作者才能以较少的自己的劳动产物去购买他们所需要的外国货物及本国制造品。要是他们企图笨拙地亲自输入或亲自制造这些东西，那就要花大得多的劳动量。这一不生产阶级越自由，他们之间各种行业的竞争就越激烈，供应其他两个阶级所需的外国商品及本国制造品，就越低廉。压迫其他两个阶级，也不可能符合不生产阶级的利益。确立完全的正义、完全的自由、完全的平等，是这三个阶级达到最高度的繁荣的最简单而又最有效的秘诀。

商业国家同样是靠农业国来维持的。商业国不仅对其他各国居民有用，而且大大有用，在一定程度上填补了一个极其重要的欠缺。其他各国居民在国内找不到的商人、技工和制造业工人，就得到了补充。

对这种商业国的贸易或其商品征收高关税，以妨害或抑制商业国的产业，绝不符合农业国的利益。这种高关税会提高这些商品的价格，从而必然降低他们自己土地的剩余生产物的真实价值。这种关税的唯一作用是，妨害剩余生产物的增加，从而妨害它们自己土地的改良与耕作。

农业国天然产物及制造品的不断增加，到了一定的时期所创造的资本，必然超过按普通利润率投在农业或制造业上的那部分。这部分剩余资本，自然会转到对外贸易上，把国内市场上不需要的过剩的天然产物及制造品运到外国去。在输出本国生产物时，农业国商人也将比商业国商人处于更有利的地位，后者不得不去远方寻找货物、原料与食品，而前者能在国内找得到这些东西。

所以，根据这个宽大的体系，农业国培育本国的技工、制造业工人与商人的最有利的方法，就是给予其他国家的技工、制造业工人与商人最完全的贸易自由。这样就能提高国内剩余土地生产物的价值，而这种价值的不断增加会逐渐建立起一笔基金，到了一定时期必然把所需要的各种技工、制造业工人及商人培育起来。

反之，如果农业国以高关税或禁令压制外国人民的贸易，就必然在两个方面损害它自己的利益：第一，由于提高一切外国商品及各种制造品的价格，就必然降低购买外国商品及各种制造品的本国剩余土地生产物的真实价值；第二，由于给予本国商人、技工与制造业工人以国内市场的垄断，就使工商业利润率高于农业利润率，这样就把原来投在农业上的一部分资本吸引到工商业去，或使原本要投在农业上的那一部分资本不投到农业上。

这种理论最大的错误，似乎在于把技工、制造业工人和商人看作是完全不生产的阶级。这种看法的不当可由下面几点来说明。

第一，这种理论也承认这一阶级每年再生产他们自身每年消费的价值，至少是延续了雇用和维持他们的那种资本的存在。单就这一点说，一个阶级的生产再多，也不能使其他阶级成为不生产的。

第二，无论怎样说，把技工、制造业工人与商人像家仆一样去看待，似乎是完全不合适的。家仆的劳动，不能延续雇用和维持他们的基金的存在。反之，技工、制造业工人与商人的劳动，却自然而然地固定并体现在可出售的商品上。

第三，无论根据何种假设，说技工、制造业工人和商人的劳动不增加社会的真实收入，都似乎是不合适的。例如，一个技工，在收获后 6 个月时间，完成了价值 10 镑的工作，即使他同时消费了价值 10 镑的谷物及其他必需品，他实际上也对土地和劳动的年产物，增加了 10 镑的价值。所以，这 6 个月时间所消费及所生产的价值，不是 10 镑而是 20 镑。

第四，农场主及农村劳动者，如果不节俭也不能增加社会的真实收入，即他们土地和劳动的年产物。这和技工、制造业工人及商人是一样的。

第五，一个国家居民的收入，虽然被认为全由其劳动所能获得的生活资料构成，但是在其他一切条件都相同的情况下，工商业国的收入也一定比没有贸易或没有制造业的国家的收入大得多。城市居民虽然往往没有土地，却能靠自身的劳动得到大量的他人土地原生产物，不仅可以得到工作的原料而且也供应生活资料的基金。

这一理论虽然有许多缺点，但在政治经济学这个题目下发表的许多学说中，或许是最接近真理的。这一学说把投在土地上的劳动看作唯一的生产性劳动，这一观点未免过于狭隘；但它认为，国民财富不是由不可消费的货币财富构成的，而是由社会劳动每年再生产的可消费的货物构成的。并认为完全自由是使这种每年再生产能以最大程度增加的唯一有效方法，这无论从哪一点说，都是公正而大度的。对这一学说作过最明白、最连贯的阐述的是梅西埃·里维埃（Mercier de la Riviere）所著的一本小册子，即《政治社会的自然秩序与基本制度》。

有些国家重视农业，例如，中国的政策就特别爱护农业。在欧洲，技工的境遇一般比农业劳动者优越；而在中国，据说农业劳动者的境遇却比技工优越。中国人不重视国外贸易，当俄国公使兰杰（de Lange）请求通商时，北京官吏的习惯口吻是，“你们的要饭贸易”。就面积而言，中国的国内市场也许并不小于欧洲各国的市场之和。可是如果能在国内市场之外，再加上广大的世界市场，那么更广大的对外贸易必定能大大增加中国的制造品，大大改进其制造业的生产力。

古埃及和印度政府的政策，也比较有利于农业，比较不重视其他一切职业。东方王国的君主们的收入全部或绝大部分都是来自地租或土地税。因此这些君主，当然特别重视农业的利益，因为他们年收入的增减直接取决于农业的兴衰。

古希腊各共和国和古罗马的政策，抑制制造业和对外贸易。希腊的几个古代国家完全禁止对外贸易，有些把技工及制造业工人的职业，看作有害于人类的体力与精神，认为只适宜于奴隶，不许国家自由公民从事。如果有奴隶提出任何改良办法，主人往往认为奴隶是想以主人为牺牲而节省自己的劳动。这样，可怜的奴隶不但不能因此得到奖励，也许还要因此受惩罚。所以，与自由人经营的制造业相比，奴隶经营的制造业通常需要更大的劳动量。后者的产品也因此通常必比前者的产品昂贵。孟德斯鸠（Montesquieu）曾说过，与邻近的土耳其矿山比较，匈牙利的矿山虽不丰富但总能以较小的费用开采，因而能获取较大的利润。土耳其的矿山是由奴隶开采的，土耳其人所知道的机械只是奴隶的手臂。而匈牙利矿山由自由人开采，并使用许多节省的方便劳动的机械。在任何一个国家，提高制造品价格就会降低土地天然产物价格，因而就会损害农业。在任何一个国家减少技工及制造业工人，就会缩小国内市场，因而就会进一步妨害农业。

所以，特别重视农业而对制造业及对外贸易加以限制的学说，其效果和其所要达到的目的背道而驰，其矛盾也许比重商主义还要大。重商主义鼓励制造业及对外贸易而不鼓励农业，虽然会使社会资本有一部分离开更有利的产业而去支持利益较少的产业，但实际上，终究还是鼓励了它所要促进的产业。反之，重农主义的学说，却归根到底妨害了它们所重视的产业。这样看来，任何一种学说，特别鼓励特定产业也好或特别限制特定产业也好，实际上都和它所要促进的大目标背道而驰。它只能阻碍而不能促进社会走向富强的发展；只能减少而不能增加其土地和劳动的年产物的价值。

因此，一切优惠或限制的制度完全废除以后，最直接最简单的自由制度就自行树立起来了。每一个人，只要不违反正义的法律，都应有完全的自由采用自己的方法追求自己的利益，以其劳动及资本和任何其他人竞争。这样，按照这种自由的制度，君主只剩下三个应尽的义务。第一，保护社会，使之免受其他独立社会的侵犯；第二，尽可能保护社会上每个人，使之免受社会上任何其他人的侵害或压迫，也就是说，要设立严格的司法机关；第三，建设并维持某些公共事业及某些公共设施。

这些君主义务的履行，必须有一定的开支；而这些开支又必须有一定的收入来维持。所以，在下一篇，我将说明君主必要开支，对社会的支出做出贡献的方法，以及公债的原因和影响。

第五篇

论君主或国家的收入

第一章　论君主或国家的支出

第一节　论国防支出

君主的第一个义务，即保护社会的安全。而这只有借助于军事力量才能履行。但其费用，在不同社会状态以及不同进化时期，是大不相同的。

对狩猎民族来说，既没有君主，也没有国家，无须为上战场或作战期间的生活负担任何费用。就比较进步的游牧民族来说，情况也大致相同。整个部落或整个民族，随着季节的不同以及其他偶然事故，而不断迁移居住地。鞑靼人或阿拉伯人在实际作战时，也和平时一样，靠自己的牲畜维持生活。这些种族是有酋长或君主的，但酋长或君主不用为了训练他们作战负担什么费用。作战时掠夺的机会就是他们所期待的或所要求的唯一报酬。狩猎民族对其邻近的文明国家，并不可怕；而游牧民族则非等闲之辈。最可怕的，就是鞑靼人在亚洲屡次进行的侵略。

在比较更进步的农业社会，没有对外贸易只有粗糙的家庭制造业，每个人也都是战士，或可以很容易地成为战士，训练他们上阵战场打仗，很少要君主或国家支出什么费用。如果战争在播种以后开始收获以前结束的话，农民即使离开农场也不会蒙受很大的损失。在这期间，农场上必需的工作有老人妇女儿童就可以了。所以，他们愿意不要报酬地短期服役，既不需要君主或国家花很多的训练费，也不需要君主或国家花很多的维持费。

在更为进步的社会里，上战场作战的人以自己的费用来维持自己的生活就完全不可能了。原因有两个：制造业的进步和战争技术的改良。农民从事远征，只要是播种后开始收获前结束，他们在农活上的中断就不会大大影响其收入。可是对于一个技工，那就非同小可了。他们一旦离开工作的场所，唯一的收入来源马上就会断绝了。所以，他们这种人为国家服兵役，就不能不由国家的费用来维持。此外，战争持续的时间越长，人民长期自费服兵役就未免越是一个沉重的负担，由国家来维持他们就成为普遍的必要了。

在文明社会里，服兵役人数与人口总数的比例，必然比野蛮社会中小得多。一般来说，士兵的人数不能超过人口的1%，否则负担太重会危及国家经济。在战场上，军队由君主或国家维持好久以后，其费用才成为国家的一项大的开支。在古希腊和罗马各共和国存在的整个时期，在封建政府成立以后相当长的期间，士兵的职业不是一种独立的职业，不构成某个阶层的唯一的或主要的工作。然而在战争的技术改良进步以后，这种技术也就必然成为一切技术中最复杂的了。要使其发展到十分完善的程度，就有了成为某些市民的主要或唯一职业的必要；并且这种技术的改良，也有分工的必要。士兵职业与其他职业分开而成为一种独立的专门职业，不是出于任何个人的打算，而是出于国家的智慧。

技术和制造业的进步，必然会引起农业上的种种改良，使农民和城市的工人一样，几乎没有闲暇时间。于是，农民自然而然地也和城市居民一样忽视军事训练，大多数人都变得不好战了。另一方面，由农业改良而产生的财富，又不免引起邻国的垂涎和侵略。在这种情况下，国家对于国防只能采取两种准备政策：第一，国家采取一种严厉的法令，强制进行军事训练；第二，维持并雇用一部分公民经常进行军事训练，使士兵的职业成为一个独立的特殊职业。

采取前一政策，那么这个国家的兵力就称为民兵；采取后一政策，那么这个国家的兵力就是所谓的常备军。进行军事训练是常备军的唯一或主要职业。国家给他们的生活费或饷金，就是他们日常生活资料的主要来源。枪炮发明以后，一个军队的优越程度，要看其各个士兵使用武器的熟练和技巧。枪炮发明以来，体力和敏捷，甚至使用武器的技巧和熟练，变得比以前次要得多了。纪律、秩序和迅速服从命令，才是真正决定近代军队在战斗中的命运的；而纪律、秩序和迅速服从命令，需要在集体操练的军队才能养成。

可是，民兵不论用什么方法训练，总是远远不如纪律严明、训练有素的常备军。跟随酋长作战的民兵，像鞑靼及阿拉伯的民兵那样，是最好的民兵，他们尊敬长官和立即服从命令的习惯，与常备军最接近。苏格兰高地的民兵在自己酋长指挥下作战时，也具有这种优点。不过，他们不是流浪的，而是有固定住所的牧人，他们在平时不习惯追随酋长由一个地方转移到另一个地方。所以，和鞑靼人、阿拉伯人相比，他们是不大愿意跟随酋长奔赴远方的，也不大愿意长久留在战场上。不过要注意一点，任何一种民兵，只要连续作战几回，就可以成为十足的常备军了。因为他们每天使用武器，不断接受长官的指挥，所以不久就有了常备军迅速服从命令的习惯。所以，美洲的战争如果再延长一点，美洲的民兵都可以和法国及西班牙最顽强的老兵相抗衡。

有史可查的最初出现的常备军之一，就是马其顿国王菲力普的军队。经过长期激烈的战争之后，希腊各主要共和国的勇敢的民兵都被他打败了。接着，几乎不费吹灰之力，大波斯帝国孱弱而缺乏训练的民兵也被他征服了。希腊各共和国和波斯帝国的失败，就是常备军对于民兵具有无比的优越性的结果。这可以说是历史中有明确记录的第一次人类的大革命。

迦太基的没落和继起的罗马的兴盛，是人类历史上的第二次大革命。这两个共和国的一切兴衰更替，都是由于同一原因。从第一次迦太基战争结束到第二次迦太基战争开始，迦太基的常备军征服了西班牙大王国，向意大利进攻时，这支军队又击败了意大利民兵。可是，迦太基军队没有从本国得到充分的供给。同时，战场上的罗马民兵，又渐渐在战争过程中成为了一支训练有素的常备军。在意大利这个不熟悉的国家，迦太基军队最后全军覆没。

从第二次迦太基战争告终直到罗马共和国衰落，罗马的军队可以说是十足的常备军。当时马其顿的常备军对它作过抵抗。古代世界所有文明国家的民兵，如希腊、叙利亚和埃及的民兵，对于罗马的常备军都只作了微弱的抵抗。但是后来罗马军队变得纪律松弛，军队长期驻扎在商业及制造业城市，士兵们就渐渐变成了商人、技工或制造业者。其市民的性质渐渐超过了士兵的性质。这样一来，罗马的常备军就逐渐颓废了，成为腐败而缺乏训练的民兵。后来日耳曼和塞西亚民兵入侵，西罗马帝国就抵挡不住了。西罗马帝国的衰落，是古代史中有明确记录的人类第三次大革命。革命的原因，就是由于野蛮国民兵对于文明国民兵无比的优越造成的。

在西罗马帝国废墟上建立起来的日耳曼和塞西亚民族的国家，是由牧人及农民组成的民兵建立的。但是，随着技术及产业的进步，酋长的权威逐渐衰微了，大多数人民用来训练的时间也减少了。封建式的民兵训练逐渐荒废，纪律也日趋松弛，于是就逐渐建立起了常备军。而且，编制常备军的政策一旦被一个文明国所采用，其他文明国就有必须要立即模仿。因为自己的民兵根本不是这样的常备军的对手，要想国防安全就必须这样去做。

常备军的士兵就算从未上过战场，也往往有老兵那样的勇气，而且一开始上阵就可以和最顽强、最有经验的老兵一比高低。1756 年，俄国军队攻打波兰时，俄军所表现出来的勇武简直可以与欧洲当时最顽强、最老练的普鲁士士兵不相上下。然而俄帝国在此之前 20 年是国泰民安的，军队中曾上过战场的士兵并不多。

只有富裕的文明国家才能好好维持这种军队。一个国家要永久保持其文明，只有编制常备军不可。同样，有了纪律严明的常备军，一个野蛮国才能迅速地而且相当地文明化。常备军凭其不可抗拒的威力，可以把君主的法令推行到一个帝国的最遥远的地方，可以使在没有常备军即无政治可言的国家，维持相当程度的正规统治。俄国彼得大帝革新图强的各种措施归结为一点，就是建设正规的常备军。俄帝国此后享有的秩序与和平，不能不说是常备军的功劳。

总之，君主第一个义务的履行，必然随着社会文明的进步而逐渐需要越来越大的开支。原来平时和战时都无须君主支出费用的社会军事力量，随着社会进步首先在战时要君主出钱维持，随后在平时也要君主出钱维持才行。

枪炮发明后，战争技术发生了巨大变化，这使平时训练和战时所需的费用都进一步增加了。近代战争枪炮费用的巨大支出，显然给能够负担此浩大费用的国家提供了一种利益，使文明国家对于野蛮国家处于一种优越的地位。在古代，富裕文明国家很难防御贫穷野蛮国家的侵略；在近代，贫穷野蛮国家却很难防御富裕文明的国家。枪炮的发明，乍看起来似乎对文明的持久是有害的，但实际上是有利的。

第二节　论司法支出

君主的第二个义务，就是设立一个严格的司法行政机构。这种义务，在社会的不同时期支出并不相同。

在狩猎民族的社会，几乎没有什么财产，即使有，也不过是两三天劳动价值的财产。凡是有巨大财产的地方，就有巨大的不平等。富人的阔绰，会引起穷人的嫉妒。那些拥有财产的人，只有在司法官的保护下才能高枕无忧。因此，大宗价值和财产的获得，必然要求民事政府的建立。在没有财产可言，或最多只有两三天劳动价值的财产的社会，就不需要设立这种政府。

一个民政政府，是以人民的服从为前提的。民政政府的必要程度随财产价值的增大而增大。所以使人民服从的主要原因，也是逐渐随财产价值的增长而产生，主要有以下四种自然原因。

第一种原因是个人资质的优越，即体力的优越，容貌的优越，智慧的优越，道德的优越，正义的优越，刚毅的优越，克制的优越，等等。第二种原因是年龄的优越。一个老年人，到处都比同等身份、同等财产及同等能力的年轻人受到人们更大的尊敬。在北美的狩猎民族中，年龄是身份及地位的唯一基础。第三种原因是财产的优越。富人在所有社会虽然都有大的威望，但在财产不平等的最野蛮社会，则有最大的威望。和年龄的权威以及个人资质的权威比较，财产的权威往往大得多。这早已引起财产不平等的社会里人们的普遍不满。第四种原因，就是出身的优越。这种优越是以家庭财产上的优越为前提的。暴发户的势力，无论在哪里都不如家族的势力那么受人尊敬。人们情愿服从他们自己或他们祖先所服从过的家族，如果一向不优越的家族忽然变成了他们的统治者，他们就难免愤愤不平。

出身的不同产生于财产上的不平等。一个全靠智慧和德行保持其荣誉的大家族，我相信，世上一定几乎没有。出身与财产，显然是使一个人高于另一个人一等的两大要素。它们又是个人地位的两大来源，因此也是人类自然而然地产生权威和服从的主要原因。

财产上的不平等，开始于游牧时代，即社会发展的第二时期。接着它就带来了过去不可能存在的某种程度的权力和服从，而因此又引进了保持权力和服从所必要的民政组织。这种演进，似乎是自然而然的。特别是富者，他们尤其愿意维护这种制度，因为只有这种制度才能保持他们的既得利益。小富人联合起来为大富人保障财产，他们认为只有这样，大富人才会联合起来保障他们的财产。就保障财产的安全而言，民事政府的建立，实际上就是为了保护富人抵抗穷人，或者说保护有产者来抵抗无产者。

可是，君主的司法权力，不但对于他毫无支出，而且在长时期中成为他的一种收入来源。要求他裁判的人，总是愿意给他报酬；每次审判都会有礼物的赠送。犯罪者除了赔偿原告的损失以外，还要对君主缴纳罚金。因为麻烦了君主，破坏了君主的和平。这种司法裁判权，最初常由君主的酋长等亲自行使，后来因为感到不便才委托代理人、执事或法官行使。不过代理人仍有对君主或酋长提供司法收入的报告的义务。

司法行政服从于一种敛财的目的以后，结果不免产生许多严重的弊端。比如，持大礼物来请求主持公道的人，得到的往往不止公道；持小礼物来请求主持公道的人，得到的往往说不上公道。而且，为了使礼物能够源源不断，行使司法权的人往往借故拖延，不予判决。这些弊端，翻开欧洲各国的古代史，就可知是司空见惯的了。

所以，一切野蛮国的司法行政，特别是建立在罗马帝国废墟上的欧洲各国的司法行政，都长期陷于极度腐败的状态。在最好的国王的统治下也谈不上什么公正和平等；而在最坏的国王的统治下简直就是腐败到家了。这种礼物，这种司法行政的报酬，或者说司法手续费，只要它构成君主获得的全部经常收入，那就不能期望他会全部放弃这收入。所以，任由这种状态继续下去，由任意的不确定的礼物所造成的司法行政上的腐败，就根本无可救药了。

但后来，国防支出不断增加，使得君主私有土地的收入不够国家维持行政费用时，且人民从自己的安全出发必须缴纳各种赋税以承担这些费用时，似乎才有了一般规定，君主或君主的代理人均不得收取任何礼物，法官领受固定薪俸，于是司法行政才算是免费了。

然而无论哪个国家，严格地说审判都不是免费的。至少，诉讼当事人，总不能不付给律师和辩护师报酬，每年付给律师和辩护师的手续费，各法庭总计起来，恐怕要比法官的薪俸多得多。法官是一个光荣的官职，报酬再少，乐意接受的人也依旧多。比法官职位低的治安推事，论工作是非常麻烦的，论报酬几乎毫无所得，然而大多数的乡绅却热衷于争取此职位。大大小小的司法人员的薪俸以及司法行政的一切支出，也不过占国家全部费用的极小一部分。此外，也不难从法院手续费里支付全部司法经费。法院手续费，如果有一部分要划归像君主这样有权力的人，而且构成他收入的相当大的部分，则这种手续费就很难有效地规定尺度。如果享有这手续费的主要人物，不是君主而是法官，那就容易多了。英国各法院的主要收入，最初似乎也是来自法院手续费。各法院都尽可能地包揽诉讼案件，哪怕本来不是归自己管辖的案件。英国今天的法院制度是值得赞赏的，但恐怕在很大程度上要归因于以前各法院法官的相互竞争，对一切不正当行为，都力求在自己法院在法律许可的范围内给予最迅速、最有效的救济。

由每个法院对受理的诉讼案件征收印花税，用以维持各法院法官及其工作人员，这种办法也足以提供司法行政费而不会对社会的一般收入增加负担。欧洲现在的习惯，大都是以辩护师及法院书记所写的公文页数决定他们的报酬。所以，辩护师及法院书记，为增加其报酬，往往故意增加许多不必要的语句。其结果使诉讼的手续形式发生同样的腐化和复杂化。

司法权和行政权分开，最初似乎是由于社会进步和社会事务增加的结果。社会事务日益增多，司法行政变得那么麻烦复杂，于是担当这任务的人必须专心致志地去工作，有行政处理权的人因为无暇处理私人诉讼案件，所以就任命代理人代为处理。司法权和行政权如果不分开，要想公道，不被世俗的政治势力牺牲，几乎是不可能的。负责国家大事的人，即使自己没有腐败的想法，有时也会认为，为了国家的重大利益必须牺牲私人的权利。但是，每个人的自由，每个人自己的安全感，都要依靠公平的司法行政。为使每个人感到自己一切权利都有安全保障，司法权不但有与行政权分离的必要，且有完全脱离行政权而独立的必要。法官不应由行政当局任意免职，其报酬也不应随行政当局的意向或经济政策而变动。

第三节　论公共工程和公共机关的支出

君主或国家的第三种义务就是建立并维持公共机关和公共工程。这类机关和工程对于社会当然是大有好处的，但所得利润决不够补偿其开支，所以不能期望个人或少数人来建立或维持。并且，在社会发展的不同时期，其所需费用的大小也非常不同。

第一项　论便利社会商业的公共工程和机构与便利一般商业部门的公共工程和机构

良好的道路、桥梁、运河、港湾等等公共工程的建造和维持费用，显然在社会各不同发展时期也极不相同。一国公路的建设费和维持费，必然随着其土地和劳动年产物的增加而增加，必然随着公路上运输货物的数量及重量的增加而增加。桥梁的承受力，一定要适应可能通过它的车辆的数量和重量。运河的深度及水量，一定要适应可能在河上行驶的货船的数量及吨位。港湾的大小，一定要适应可能停泊的船舶的数量。

这类公共工程的开支，似乎不必由国家公共收入来支付。在许多国家，国家收入的征收和使用都是交给行政部门的。例如，公路、桥梁、运河的建筑费和维持费，都可以通过对车辆船舶所收的小额通行税来支付；港湾的建筑费和维持费，可以通过对卸货船只所收的小额港口税来支付。此外，同样旨在便利商业的造币厂，不但能支付自己的费用，而且能对君主贡献一笔小收入，即铸币税。另一机关邮局，几乎在所有国家除了提供本身的开支外，还给君主带来一项极大的收入。

按照车辆重量或船舶吨位缴纳的通行税，是按照对于各公共工程的损耗的比例支付其维持费，这是很公平的方法。通行税虽然由运输者支付，他只不过是暂时垫支，结果仍是转移在货物价格上，最终还是由消费者来负担的。以重量为标准，对奢华的大马车等征收的通行税略高于对普及车辆征收的税，就可以使运往国内各地的笨重货物的运费有所降低，懒惰和虚荣的富人就可以很容易地对穷人的救济有所贡献。

公路、桥梁、运河等如果由利用它们的商业来建设和维持，那么就只能在商业需要它们的地方兴建。此外，建设的费用，其堂皇与华丽规模，也必须与商业的支付能力相称。就是说，建设必须适度。壮丽的大道，绝对不能在没有商业可言的荒凉地区建造，也不能单为通向省长或大人物的乡村别墅而建造。

欧洲许多地方的运河通行税或水闸税属于私有财产，这些人为保持自己的利益，必然好好去维护运河。如果运河的通行税交给那些没有私人利益的管理员去征收，他们对于产生通行税的工程的维持一定不会像个人那样在意。可是，维护公路的通行税，却不能随便包给个人作为私人的收入。因为，运河不加修理会变得完全不能通航，但公路不加修理却不会完全不能通行。因此，收取公路通行税的人即使完全不去维护道路，道路也依然可以提供同样多的通行税。所以，维持这类工程的通行税应当交给管理员或保管员去管理。

有人说，收税公路由政府管理，比由保管员管理的费用要少。修补道路，可以使用士兵，而保管员所雇用的工人，不外乎一些生活资料全靠工资的劳动者。收税道路将会和现在的邮政一样，提供一笔不小的收入。不过，这计划本身似乎有几个重大的缺点。

第一，国家如果把公路的通行税看作供应紧急需要的一个财源，那么这些通行税一定会非常迅速地增加，政府动不动就会动这个念头。如果通行税像这样不断增加起来，那么不久就会成为商业的障碍，国内运输费将迅速增加，货物的市场将大大缩小，货物的生产也将受到阻碍，而国内一些重要的产业部门，说不定要遭到灭顶之灾。

第二，按照重量比例征收的车辆通行税，使货物价格按货物重量的比例，而不是按货物价值的比例而升高，所以主要负担这种税的人，不是价值高而重量轻的商品的消费者，而是粗劣笨重的商品的消费者。因此，不是由富人而是由穷人担负了。

第三，如果政府对于损坏的公路置之不理，要强制其划出通行税的一部分用于维修用途，将会比现今还要困难。法国维修公路的基金，由国家行政当局直接管理。依据现行法令，维修道路的任何基金都归督察管理；督察由枢密院任免，接受枢密院的命令，并不断与枢密院保持联络。但法国的大驿路，即沟通国内各主要城市的道路，一般都整齐良好，比英国大部分的道路好得多。可是，其交叉路，也就是乡下的大部分道路，却破烂失修。一个崇尚虚饰的朝廷大臣，往往乐意建设王公贵族们时常经过的大道，这有助于提高他在朝廷的地位。至于乡村的许许多多小工程，不足以带来声誉，又琐细卑微，因此总是受忽视的。在中国以及亚洲其他几个国家，修建公路及维持通航的任务，都是由行政部门负责。据说，各省官吏执行这一任务的情况如何，是朝廷评定其政绩的一大标准。所以，这些国家对于这些工程都非常注意。特别是在中国，中国的公路，尤其是通航水道，据说比欧洲著名的公路和水道要好得多。

不能由其自身的收入维持的公共工程，其提供的便利又只限于特定的区域，那么，由国家行政部门管理并由国家的一般收入维持，还不如把它交给地方行政部门管理，由地方收入维持。比如，伦敦街道的照明与铺设费用由国库开支的话，街上点的灯和铺的石，能做到现在这样完善，其费用能像现在这样经济吗？地方政府和省政府管理地方收入有时难免发生弊病，但是这与管理一个大帝国收入时常发生的弊病相比，实在是小巫见大巫。况且，与后者的弊病相比，前者的弊病，容易矫正多了。

便利特殊商业部门的公共工程和机构为了便利某些特殊商业部门，就必须设有特别的机构，这就要求有一项特别的额外支出。

与野蛮未开化国家通商的某些特殊商业部门，常常需要特别的保护。为了防止当地土人的抢劫，不得不在一定程度上在储存货物的地方建筑防御工事。国家有了强有力的政府，当然不允许外人在本国领土内建筑防御堡垒，在这种情况下，就产生了互派大使、公使或领事的必要。本国国民间发生纠纷时，公使或领事可根据本国习惯予以判决；本国国民与驻在国国民间发生纠纷时，他可凭外交官的资格，比任何私人更有权威出来干涉，保护自己的国民，这是他们不能从任何私人处获得的。英国派驻俄国的最早的大使馆，完全是由于商业上的利益。欧洲各国人民因商业利害关系不断发生的冲突，恐怕就是使欧洲各国在平时也在所有邻国派驻公使的原因。

据说，最初建立关税制度的原因，就是为了支付保护一般贸易免受海盗抢劫的费用。为了保护特殊贸易的特别费用，同样的道理也应该取之于对该贸易所征收的特殊税收。保护一般贸易通常被看作是保卫国家所必不可少的，因而也就成了行政部门必尽的义务。但是在欧洲大部分商业国家，特殊的商人集团说服了立法机构，把行政部门这方面的义务，以及必然与之相关联的一切权力，统统委托给他们执行了。

这些公司最终无一例外地成为累赘或无用，其经营不是不当就是范围过于受限。这种公司有两类：一类称为管制公司，没有共同资本，凡具有相当资格的人都可缴纳一定的入会金加入，但各自的资本由各自经营，并且自负盈亏；另一类称为股份公司，以共同资本进行贸易，贸易上的一般利润或损失都按股份比例共负盈亏。这些公司，有时拥有专营特权，有时又不拥有这种特权。

所谓管制公司，在一切方面都与同业工会相似，而且是一种扩大的垄断团体。任何人如果不先成为这公司的一员，那么他就没有法律上的权力经营管制公司任何一个部门的对外贸易。这种垄断权的强弱，与公司入会条件的难易相对应，也与公司董事权力之大小——即有多大权力能把公司控制得使大部分贸易只有他们自己和他们的亲友来经营——相对应。

对外贸易的管制公司，现今在英国还存在以下五个，即汉堡公司、俄罗斯公司、东方公司、土耳其公司及非洲公司。据考察，驻外官员虽然常由管制公司维持，但管制公司从未在其贸易国维持任何堡垒或守备队。反之，股份公司却常常在这种国家维持堡垒或守备队。前者实际上比后者更不适合承担这个任务。第一，管制公司的董事，对于该公司一般贸易的繁荣并无特别的利害关系，而维持堡垒和守备队的目的就在于维护这个繁荣。公司一般贸易的衰退，对他们私人的贸易反倒有不少好处。因为，公司一般贸易衰退，竞争者就减少了，于是他们自己就能贱买贵卖。股份公司的董事的情况则与此正相反。他们个人的利益，包含在他们管理的共同资本所产生的共同利润中，离开公司的一般贸易，他们就没有了贸易。他们私人的利害关系，与一般贸易的繁荣，与保障繁荣的堡垒或守备队的维持，是紧密结合的。因此，股份公司董事更会保持这种对维持堡垒或守备队的仔细的关注。第二，股份公司的董事常常掌管一大笔资本，即公司的股本。堡垒守备队如果有设置、增补、维持的必要，他们随时可以划出一部分资本来使用。至于管制公司董事，则不掌管什么共同资本，除了一点公司入会金及公司贸易上的公司税等临时收入以外，没有其他资金可以动用。所以，对于堡垒和守备队的维持，即使他们和股份公司董事一样有利害关系在里面，也很少有同等的能力使其实现。

1750 年，一个管制公司设立了，即现在的非洲贸易商人公司。英国政府最初命令该公司负担非洲沿岸由布兰角至好望角一切英国堡垒和守备队的维持费；后来又令该公司只负担鲁杰角至好望角一切堡垒和守备队的维持费。政府设立这公司的法案，似乎有两个明显目标：第一，对于管制公司董事的自然具有的压迫精神和垄断精神加以抑制；第二，强迫他们去注意其本来不会注意的一件事，即维持堡垒与守备队。

为了第一个目标，该法案规定入会金为 40 先令，并限定公司不得以合股经营的身份自己从事贸易，不得以公印借入资本，公司的管理权，由伦敦的 9 人组成的委员会行使，等等。虽然法律力图限制垄断，但还是未能生效。为了第二个目标，该法令规定：堡垒与守备队的维持费，每年由国会拨款给该公司 13000 镑。对拨款的使用，公司委员会每年须向国库主计官提出报告，国库主计官再向国会报告。事实是，这笔拨款的使用很是不当。

股份公司的设立，或由国王特许，或由议会批准。其性质不但与管制公司不同，与私人合伙公司也有许多不同之处。

第一，在私人合伙公司中，非经公司许可合伙人不得把股份转让给他人或介绍新成员入伙。但如合伙人预先声明后就可以退出，经过一定时间就可以取回股本。股份公司则不然。股份公司不允许股东提出取出股本的要求，但转让股票和介绍入新股东，却无须公司同意。股票的价值等于其在市场上的价格，价格涨落不定，因此股票持有者的实际股本就与股票上注明的金额常有出入。第二，私人合伙公司在营业上的亏空，各合伙人都对其债务以自己的全部财产负责任。反之，股份公司在营业上的亏空，各股东只是在其股份范围内负责任。

股份公司的业务通常由董事会处理。不过，股份公司的董事处理的是他人的钱财，而私人合伙公司的合伙人则纯是为自己打算。所以，期望股份公司董事们对于钱财的用途，像私人合伙公司的合伙人那样周到，是徒劳的。因此疏忽和浪费，常常是股份公司业务管理上难以避免的。由于这个缘故，从事国外贸易的股份公司总是竞争不过私人的冒险者。所以，股份公司没有取得专营的特权就很难成功，即使取得了专营特权，成功的也不多见。没有特权时，他们往往经营不善，有了特权，就不但经营不善，而且限制了这种贸易。

旧的英国东印度公司于 1600 年根据女王伊丽莎白的特许状设立。在它最初 12 次的印度航行中，船舶是共有的，但贸易资本还是个人分开的，是以一种管制公司的形式在进行贸易。在1612年，个人的资本合并为共同资本，该公司成为股份公司，持有专营特许状。特许状虽未经议会确认，但当时被认为具有真正的专营特权，所以经营许多年，该公司都从未受其他商人的侵扰。它的股本，每股为50镑，总额仅74.4万镑。这个资本不很大，而公司的营业规模也不很大，不致造成经营上严重的疏忽、浪费或贪污。所以，在许多年里它的营业很成功。但是随着时间的推进，当一般人对于自由的原则有了更深的理解时，未经议会确认的特许状能否赋予专营特权日益成为疑问。私人贸易者日益侵入公司特权范围。到查理二世晚年，在詹姆士二世整个统治时期和在威廉三世初年，该公司都是在困难中度日。1698年，有人向议会建议，愿以年息8%贷给政府200万镑，条件是批准认购公债者设立一个有专营特权的新东印度公司。结果，就出现了一个新东印度公司。不过，旧东印度公司的贸易权力可以继续到1701年。同时，该公司以它会计的名义巧妙地认购了新公司股本31.5万镑。新、旧东印度公司与私人贸易者间的竞争，以及两公司彼此间的竞争，据说几乎使它们全都走向了毁灭。1702年，这两个公司通过三方协议在某种程度上合并起来，其中一方是女王。1708年，又依据议会法案，完全合为一体，成为今天所谓的东印度贸易商人联合公司。1743年，该公司贷给政府100万镑，不过，这项借款不是来自股东，而是由公司发行公司债券募集而来的，所以并没有增加股东要求分红的资本。但这100万镑对公司营业上的亏损和债务也负担责任，所以总算是增加了公司的贸易资本。自1708年，或者至少自1711年以来，该公司由于摆脱了一切竞争者，完全掌握了英国在东印度的垄断贸易。在1741年爆发的对法战争中，东印度公司卷入了对法战争以及印度土王的争斗中。该公司在印度的人员充满了战斗及征服精神，在1755年爆发的法兰西战争中英国的胜利，也使该公司的兵力在印度交了好运，获得了一个富裕而广大的领土的收入。这收入在当时据说每年有300万镑以上。但1767年，政府以该公司占领的领土及其收入属于国王的权力为由提出要求，公司于是同意此后每年付给政府40万镑作为权力的报酬。在这以前，公司分派的红利已逐渐由6%增至10%。此外，公司据说还有其他收入，一部分来自土地，而大部分则来自殖民地所设的海关，其总额不下43.9万镑。至于当时公司的营业利润，据公司董事长在下议院的证言，每年至少有40万镑。有这么大的收入，公司应当有能力提供一项减债基金，以备急速偿还债务。

然而到了1773年，公司债务不但未见减少，反而大大增加。这些债务所引起的困难，使公司不得不一下子减低股息至6%，而且更乞求政府援助：第一，豁免每年约定支付的40万镑；第二，贷款140万镑，以拯救濒临的破产。该公司的财产是增大了，但财产越大就似乎越成为公司人员更大浪费的口实、贪污的掩护。议会为了调查真相，开始着手调查公司人员在印度的行为，以及公司在欧印两地的一般业务状况。调查的结果，对公司国内国外管理机构的组织，都实行了几种重大的变革。在印度方面，该公司的主要殖民地，如马德拉斯、孟买、加尔各答，以前是相互独立的，现在则归同一总督统治，辅佐总督的有4名顾问组成的评议会。加尔各答的法庭缩小了权限，并新设一个最高法院，由国王任命审判长1人及审判员3人组成。欧洲方面，凭资格取得的投票权，如股票不是继承而是自己购买而来的，以前只需在购买后6个月就能行使，现在这个期限已延长至1

年。还有，以前公司的 24 名董事，每年改选一次，现在每个董事 4 年改选一次，但在 24 名董事中，每年有 6 个旧董事离开，6 个新董事进来，刚离开的董事不能再当选为次年的新董事。有了这些改革，预期股东会及董事应该能郑重地、稳健地执行任务，不再像从前那样疏忽和随便。然而，无论怎样变革，都不能使他们认真地促进印度的繁荣。他们大多数人的利益，与印度的繁荣并不相关。在一切方面，他们不但不适合统治一个大帝国，而且连参加这种统治也不适合。

因此，1773 年的规定，没有结束东印度公司统治的混乱局面。公司曾经因一时措施得当，在加尔各答的金库中积存了 300 多万镑。可是，尽管以后它的支配或掠夺范围更加扩大，占领了印度好几个最富裕、最肥沃的地区，但它所获的一切都照样浪费了，葬送了。

一家商人公司自己出钱，自冒危险，在遥远的野蛮国家建立新的贸易，政府准许其组成立股份公司，并给以一定年限的垄断权力，那是没有什么不合理的。这是政府报酬这种冒险费财而且造福大众的尝试的最容易、最自然的方法。不过，限定期满后，垄断是应当收回的。如果堡垒与守备队仍有维持的必要，应该移交政府，由政府支付相当的代价，而当地贸易则让全国人民自由经营。设公司长久的垄断，其结果无异于对全国人民加以不合理的负担。这负担有两种：第一，人民自由贸易，有关货物的价格就低廉，行使垄断，这些货物的价格就昂贵；第二，对大多数人民可能是便于和利于经营的一种事业，现在人民却被排除在外了。他们承受不合理的负担，只是为了有关最不足道的目的，即让某公司能维持其人员的玩忽职守、浪费，乃至贪污罢了。由于这些人员的胡作非为，公司分派的股息很少超过普通利润率，且往往比普通利润率低很多。

法国著名作家莫雷尔，曾列举了1600年以后在欧洲各地设立的对外贸易股份公司，共55家。据他说，这些公司都有专营特权，但都因管理不善而归于失败。一家股份公司没有专营特权也能经营成功的贸易，似乎只有这种性质的贸易，即所有业务都可简化为常规，或者说方法划一，很少或毫无变化。这类行业有四种：第一，银行业；第二，水火兵灾保险业；第三，建设和维持通航河道或运河业；第四，大城市供水业。设立股份公司，仅仅是因为这样经营能成功，或者说让一群商人享受其所有邻人享受不到的权力，只因为这样他们就能够生意兴隆，那是绝对不合理的。要使股份公司的设立合理化，除了定出严密规则及方法以外，同时还有其他两个条件：第一，其事业的效用显然比大部分的一般商业更大和更普及；第二，其所需资本，大于私人合伙公司所能筹集的数额。因为对于那种企业所生产的东西的需要，很容易由私人企业者来供给。上述四种行业，这两个条件都同时具备。

同时具有这三个条件的行业，除上述四者外，我再也想不出其他的来了。其他出于爱国，即为了促进国家某特殊制造业的公益目的而设立的股份公司，往往因为经营不善，以致大大减少了社会的总资本，而在其他各方面，同样是害处多于好处。董事们的动机即使非常正直，但他们对某些特定制造业的不可避免的偏爱必然会抑制其他制造业，必定会或多或少地破坏在其他情况下必然存在的适当产业与利润间的自然比例，而这自然比例，是一国对一般产业的最大而最有效的鼓励。

第二项　论青年教育机构的支出

青年教育机构也同样是由本身收入支付本身费用的事业，学生付给教师的学费或谢礼，自然构成这一类收入。

在欧洲大部分地区，学校及大学的基金，并不是来自社会的一般收入，主要是来自地方收入，来自某项地产的租金，或来自指定专款的利息。这专款有时由君主自己拨给，有时由私人捐助并交由保管人管理。这些捐赠的基金对教育机构的促进真正的有所贡献吗？

不论哪种职业，大部分人的努力的大小，总是与他们不得不努力的必要性的大小成比例的。一个人的职业报酬，如果是他的普通收入及生活资料的唯一来源，那这必要性就最大。他为取得这笔财产，一年中必须付出一定量的一定价值的工作。如果竞争是自由的，相互的竞争就会迫使每人都努力使自己的工作达到相当的准确。学校或大学如果有了一笔捐助的基金，教师勤勉的必要就必然会减少许多。

有些大学教师的薪水，仅占其报酬的一部分，其余大部分收入出自学生的谢礼或学费。在这种情况下，教师努力工作的必要虽然不免减少一些，却不会完全消失。教学的名望还是重要的。在其他大学，禁止教师收取学生的谢礼或学费，而他的薪水，就是他取得的全部收入。如果对于某种非常辛苦的工作，努力与否，其报酬完全一样，那他的努力工作的必要就完全消失了。如果有理由要求一定人数的学生进入某专门学校或大学，而不论教师的学问如何、名望如何，那么教师学问好、名望高的必要就不免因此而减少一些了。

研究费、奖学金、助学金等各种名目的慈善基金，必然会使一定数量的学生进入某些大学学习，而不问其名声如何。如果各学院导师或教师，不是学生自由选择而是校长指派的，这种规定不但会大大减少同一学校内各导师各教师间的竞争，而且会使他们勤勉任教以及照顾各自学生学习情况的必要性也大大减少。一个有理性的人，当他看到大部分学生不来听讲，或来听讲而明显地带有轻蔑、嘲弄态度，他一定会感到不快。因此即使没有其他利益，他也会因为这些心理而苦苦备课，力求完善。同时，还有学校的规则使教师强制学生规规矩矩地出勤上课，并在他讲授的时间里维持一种最有礼貌的、最恭敬的态度。

学院及大学的校规，大体上不是为了学生的利益，而是为了教师的利益，更恰当地说是为教师的安逸而设计出来的。校规的目的，在任何时候都是维持教师的权威。对于年龄极小的儿童，为了使他们获得幼年时代必须取得的教育，在某种程度上确有强制学习的必要。但学生到了十二三岁以后，只要教师履行其职务，都不必要加以强制干涉。大多数青年人都是非常宽大的。只要教师表示自己要努力使他们学到知识，他们是不会忽视或鄙视教师的教导的。

值得注意的是，没有公立机构的那部分教育，大都教得最好。青年进击剑学校或舞蹈学校，虽然未必都学得很精，但没有学不会如何击剑、如何跳舞的。在英国，公学的腐化和大学相比好多了。公学教师的报酬，有一大部分有时几乎全部都是出自学生的谢礼或学费。这种学校是没有排他特权的。如果在考试时候，学生显示出已经了解公学所教的东西，那就不问他是在什么学校学会的。可以说，普通大学教授的那部分功课都没有教得很好。但是没有这些大学的话，这部分的功课恐怕就根本不会有人去教，而缺乏了这部分重要的，个人和社会又都不免要感到遭受了损失。

现在欧洲各大学，大部分是最初为教育僧侣而设立的宗教团体，创办者为罗马教皇。当基督教由法律认可为国教时，转讹的拉丁语简直成了西欧全部的普通语言。教堂中做礼拜，诵读的《圣经》译文，全用这转讹的拉丁语，所以拉丁语一开始就成了大学教育的一个重要部分。

至于希腊语和希伯来语，情况却不是这样。希腊语和希伯来语的知识，对于僧侣不是必不可少的知识，于是它们长期没有成为大学普通课程的必要部分。最初的宗教改革者们，发现《新约全书》的希腊语版本，甚至《旧约全书》的希伯来语版本，比拉丁语《圣经》更符合他们的主张。于是，他们开始暴露拉丁译文的许多谬误，而罗马天主教的僧侣们则被迫出来辩护或说明。但是要辩护的话，对于希腊语和希伯来语没有一定的知识肯定是行不通的，所以关于这两者的研究，逐渐被拥护宗教改革和反对宗教改革的多数大学列入学校课程中了。因此，在多数大学中，在研修哲学前，要先学习希腊语，学生学习了一定时间的拉丁语后就立即学习希腊语。

古代希腊哲学分为三个部门：物理学或自然哲学；伦理学或道德哲学；逻辑学。这样的划分似乎完全符合事物的性质。而在欧洲大部分大学中则改变了这种划分，分为了五部分。

在古代哲学中，关于人类精神或神的性质的教学都是物理学体系的一部分。但在欧洲各大学中，哲学只作为神学的附属部分教授。所谓的形而上学或精神学，被放在与物理学相对立的地位，被看作比较崇高和比较有用的科学。实验及观察的学科，反而几乎没有人留意了。当上述两种科学被放在对立的地位时，两者间的比较和对照自然会产生第三种科学，即所谓的本体学，或讨论其他两种科学的主题的共同特质及属性的科学。但是本体学这种无聊的科学全部是玄乎的诡辩。在古代哲学中，德行的尽善尽美被认为必然会使有德行的人今生享受最完全的幸福。而近代哲学的观点却认为完美的德行，往往与今生幸福有矛盾。只有通过禁欲或者苦行才可跨进天国，一个人单凭慷慨宽大的行动，是不能进入天国的。良心评判学及禁欲道德观几乎占了各学校道德哲学的大部分内容。因此，欧洲大部分大学的哲学教育，就是按照以下程序设置课程的：第一，逻辑学；第二，本体学；第三，讨论人类灵魂和神性的精神学；第四，一种变质的和贬值的道德哲学；第五，简单粗浅的物理学。

但是，欧洲公学及大学虽然最初是仅为某种特定职业，即僧侣职业的教育而设立的，虽然它们也并没有十分用心地教授学生，但它们却逐渐把几乎所有人民的教育，特别是绅士及有钱人家子女的教育吸引到自己这边来了。在英国，青年人刚从学校毕业，不把他送入大学而把他送往国外游学，这已经一天天成了时髦的做法。据说，青年人游学归来都有很大的长进。他在游学中，一般能够获得一两种外语知识，不过这种外语很少能够说得流利、写得通顺。另一方面，孩子回国之后，普遍变骄傲了，比原来更懒散，更不用功了。这样毫无意义的早期游学的做法之所以流行，不外乎是因为社会对于大学的不信任，没有其他原因。做父亲的，不忍见到儿子在自己面前无所事事、漫不经心地堕落下去，所以才不得已暂时把他们送往国外。

在其他时代及国家，似乎有各种各样的教育方法和教育机构。在古希腊各共和国，自由市民可以在国家官员的指导下，学习体操及音乐。古罗马也有武场，与希腊的体操具有同一目的，并且也同样达到了很好的效果。但在罗马没有与希腊的音乐教育相类似的东西，可是，罗马人的道德，无论在个人生活上，还是在社会生活上，都不比希腊人差，而就整体而言，远比希腊人优秀。

以音乐和体操教授学生的教师们，在罗马和希腊共和国，似乎都不是由国家付给报酬，甚至不是由国家任命的。国家除了提供一个公共广场，作为市民学习练操的运动场所外，再也没有为此做点什么。在希腊、罗马各共和国的初期，除上述种种科目外，教育的其他科目就是阅读、书写及算术。这些技能，富人往往在家里请家庭教师教授。而贫穷市民，一般到以教书为职业的教师所工作的学校去学习。但是，不论家庭学习或是学校学习，都是由个人的父母或监护人负责的，国家从来不给予任何监督或指导。当文化进步了，哲学和修辞学成为流行科学的时候，上流社会的人们，常把子弟送进哲学家及修辞学家开设的学校。可是，对于这种学校，国家没有给予什么支持，只在一个长时期内予以默认而已。

在古希腊各共和国，法律似乎从来没有发展成一门科学，而在罗马，法律很早就成为独立的科学了，社会上懂法律的人都特别受青睐和尊敬。古希腊各共和国，特别在雅典，普通法院都是由许多无秩序的人民团体组成的。他们几乎常是胡乱做出判决的，或由一时的宗派或党派精神决定的。反之，罗马的主要法院，都是由一个或少数法官构成的，判决要是草率或不公，法官的人格就要大受损害，特别是在公审的场合。所以，罗马法就因为这样的留意而形成了如此有规则、有组织的体系。

古代哲学家似乎比近代的教师更能够吸引听讲者的注意，控制听讲者的意见和感想，并对听讲者的行动和言论给予一定的格调和风格。近代的公共教师，其所处的环境使他们一定程度上不需要关心自己在业务上有无名望和成功与否。此外，他们所得的薪水也使他们和那些与他们竞争的私人教师处在这样一种境地，就好比一个没有任何奖金的商人想与那得了很多奖金的商人竞争。这样，学校及大学的捐赠基金，不但使公共教师的勤勉精神失去了，并且使优秀的私人教师也不容易找到。

如果根本没有公共的教育机构，那么没有任何需要的体系或科学就完全不会有人教授。女子教育方面的公家机构，是根本没有的。因此女子教育的普通课程中，便没有任何无用的、不合理的东西。女子所学的，都是她的父母或监护人认为她必须学习或者对她有用的课程。女孩子在她一生中，会感到她所受的教育差不多没有不对她有某种方便或利益的。而男孩子则不然，他们所受的尽管是极辛苦极麻烦的教育，可是一生中由这种教育得到了什么方便或利益的人却不多见。

因此，有人可以反问：国家对于人民的教育不应该加以注意么？在某种情况下，政府尽管不去注意，大多数人也会自然养成当时环境所需要、所容许的几乎所有的能力和道德。在其他情况下，社会状态不能把大多数人安排在那种境地，所以为了防止人民几乎完全堕落或腐化，政府就有加以注意的必要。

在所谓的野蛮社会，即猎人和牧人的社会，甚至在制造业未发达及对外贸易未扩大的早期农业社会，每个人从事各种各样的工作，不得不尽其能力去对付不断发生的困难，发明肯定会层出不穷，人们的心志也不会陷于呆滞的状态。我们在前面已经说过，所谓的野蛮社会中的每个人都是战士，并且在某种程度上都是政治家。关于社会的利益，关于他们统治者的行动，他们都能作出相当正确的判断。在文明的商业社会，普通人民的教育恐怕比有身份有财产者的教育更需要国家的关注。有身份有财产的人大概都是到十八九岁以后，才从事他们想扬名立万的特定职业。他们的父母或监护人一般都十分期盼他们能有这样的成就，在大多数情况下，对于费用的支出是毫不犹豫的。此外，有身份有财产者一生的职业，并不像普通人民的职业那样单纯和一成不变。他们的职业，几乎全都是极其复杂的脑力工作。普通百姓就不是这样了。他们几乎没有受教育的时间，就是在幼年期间，他们的父母也几乎无力供他们上学。他们所从事的职业，大概都很单纯，没有什么变化，不需要运用多少智力。

但教育中最重要的几个部分如阅读、书写及算术，他们却是能够在小时候学到的。就是说，即使是准备从事最低贱职业的人，也大都有时间在从事职业以前学会这几门功课。因此，国家只要以极少的费用就能够便利、鼓励，甚至强迫全体人民接受这些最基本的教育。国家可以在各教区的各地方设立教育儿童的小学，使普通劳动者也能负担得起低廉的学费，这样人民就容易获得基本教育了。普通百姓的子女中在学业上突出的，国家给予小额奖赏或小荣誉奖章，一定能鼓励基本教育的普及。国家如果规定，在加入某种同业工会权力以前或在有资格从事某种职业以前，每个人都必须通过国家的考试或评定，那么国家就几乎能够强制全体人民接受最基本的教育。

希腊和罗马各共和国，就是根据这个方法来维持全体人民的尚武精神，便利、鼓励、强制人民进行军事及体操训练的。为便利人民，各共和国都有一定的学习和操练场所，并对一定的教师给予在此场所教授的特权。不过，这些教师似乎没有由国家供养，他们的报酬完全来自学生。为鼓励这项学习，各共和国发给成绩特别优异的学生小奖赏或小荣誉奖章。在奥林匹克运动会上获奖的，不但本人有光荣，其家族及亲戚全体都有光荣。凡共和国的市民，只要国家召集都得在共和国军队中服务一定年限，这义务就足够强制一切市民学习军事及体操技能了。

军事教练必须要由政府下大力气予以支持，否则就会日渐松懈，从而大多数人民的尚武精神会随之衰退。这种趋势，近代欧洲的例子足以证明。各个社会的安全，总或多或少地依赖大多数人民的尚武精神。希腊及罗马古时的制度，维持大多数人民的尚武精神，似乎比近代所谓的民兵制度有效多了。前者要简单得多，制度一经确立，即可自行运作，几乎是完全用不着政府的注意的。至于要在相当程度上维持近代民兵的复杂规章，就需要政府不断地和费力地注意；政府一不注意，这规则就会完全被忽视或者完全废弃了。此外，古代制度的影响也更为普遍。在那种制度下，全体人民都学会了使用武器。近代各国的民兵范围，恐怕除了瑞士外，都不过占国民的一小部分。

即使国家从下层人民的教育中得不到什么利益，这种教育仍值得国家去注意，使下层人民不至于陷于完全没有教育的状态。何况，人民有了教育，国家也受益不浅。一般下层人民所受教育越多，就越不会受狂热和迷信的蛊惑。有教育有知识的人，常比无知识而愚笨的人更有礼节、更守秩序。因此，反对政府政策的狂妄的论调，就更加不能迷惑他们了。在自由国家中，政府的安全大大依存于人民对政府的举措所持的支持意见，人民倾向于不轻率地判断政府的行动对政府的确是一件非常重要的事。

第三项　论所有年龄人民的教育经费

对所有年龄人民进行教育的机构，主要是宗教教育的机构。这种教育的目的与其说是使人民成为优良公民，倒不如说是为人民来世的更好的生活作准备。讲授这种教义的教师的生活费，也和其他普通教师一样，有的完全靠听讲者的自愿贡献，有的则来自国家法律认可的某些收入来源，如地产、什一税、土地税、薪水等。他们的努力、热心和勤勉，在前一种情况下似乎比后者要大得多。

在罗马教会中，下级牧师出于有利的利己动机，其勤勉和热心比任何历史悠久的耶稣教会的牧师旺盛得多。许多教区牧师的生活资料，大部分是来自人民自愿的贡献，而秘密忏悔又给予他们许多机会来增加这种收入。教区牧师也类似那些部分以薪俸部分以学生的学费为报酬的教师，而报酬的获得就常常要取决于其勤勉和名声。

乍看起来，有人可能自然地认为教士的职业属于第一类的职业，和律师及医生的职业一样，我们可以把对于他们的奖励安然委托给那些信仰其教义并从其精神服务得到安慰的人们的慷慨捐赠。他们的勤勉和细心，无疑都会由于这个额外的动机而增加。他们职业上的技巧，他们支配人民思想的才智，也会由于不断增加的实践和研究而不断进步。

但是，再仔细考察一下就会发现：牧师们这种利己的勤勉，正是一切贤明的立法者所要防范的。因为除了真的宗教，其余一切宗教都有极大的害处，都把迷信、愚昧及幻想强烈地灌输到真的宗教里面。各种宗教的从业者，为了使自己在信徒心目中显得更高贵神圣，总是向信徒宣扬其他宗派如何横暴，至于所宣传的教义中所含的真理、道德或礼节，他们从不去注意，而最适合扰乱人心的教理却全被采用了。结果政府将发现：不为教士们设定固定薪水，表面上是节省，而所付代价却是昂贵的。实际上，政府要与精神指导者最适宜、最有利的结合，就是给他们固定薪俸，使他们感到除了防止羊群误寻新的牧场以外，其他的任何积极的活动都是多余的。

但是，假如政治斗争从来没有要求宗教的援助，而胜利的政党在胜利后也不曾采用任何教派的独家教义，那么这个政党对于所有不同的教派就会一视同仁，让每个人去选择自己的牧师和宗教。在这种情况下，无疑会有许许多多的教派出现。每一个教师要保持现有教徒，同时增加教徒数目，一定会倾尽全力并使用一切技巧。宗教教师利己的、积极的热心，只在社会只容许一个教派的时候，或一个大社会只分为两三个教派，而各教派的教师又在统一的纪律和服从关系下协力共作的时候，才会发生危险与麻烦。如果一个社会分为两三百乃至数千个小教派，不会有哪一个教派的势力大到能够扰乱社会，那么他们教师的热心也就完全无害了。小教派的教师，因为感到自己几乎是孤立无援的，通常不得不尊敬其他教派的教师；他们彼此相互感到便利而且舒服的这种谦让，使一切宗教教义都出现了最和平的气质和最温和的精神。

在各个文明社会，即在阶级差别已完全确立了的社会，往往有两种不同的道德体系同时并存着。一种称为严肃的或严格的体系，一种称为自由的或者说放任的体系。前者一般为普通人民所赞赏和尊敬；后者则一般为所谓上层名流所尊重和采用。轻浮的恶习对于普通人总是具有毁灭性的，哪怕一个星期的胡作非为，也往往足以使一个贫穷的劳动者陷于绝望的深渊，甚至铤而走险犯下重罪。反之，几年的放荡及浪费，却不至于使一个上流人物没落。差不多所有的教派都是在普通人民中创始的，它们从普通人民吸收最初和最多的新的皈依者，因此，严肃的道德体系不断地被这些教派所采用。

国家对于国内一切小教派在道德上的任何不近人情，只需要同时采取两种极容易而有效的方法就可矫正，而不必使用暴力。第一种方法是由国家强制规定。任何人在从事某种自由职业以前，或在被提名候选某种公职以前，都必须从事科学及哲学的学习。科学是狂妄及迷信病毒的巨大消毒剂。上流社会人士对这些毒害免疫之后，一般下层人民也就不致大受其害了。第二种方法是鼓励民众的娱乐。迷信及狂妄常起因于心中的忧郁或悲观情绪，这种情绪不难由绘画、诗歌、音乐、舞蹈，及戏剧表演来消除。

每一种国教的教士都有一个大的社团。他们的利益，与君主的利益从来不一致，有时直接对立。他们的巨大利益在于维持他们对于人民的权威。如果君主敢对他们教义中哪个部分表示嘲笑或怀疑，或是保护其他嘲笑或怀疑教义的人，教士就会认为有失体面而宣布君主渎神，同时使用一切宗教手段，使人民的忠顺转移向另一个比较顺从的君主。当教会的教师宣传颠覆君权的教义时，君主就只有凭借暴力，即凭借常备军的力量，才能维持其权威。君主的权威，往往比不过国教教士们联合起来的权威。君主既然不能以适当的压力和权威直接反抗教士们的决定，君主就必须有影响他们决定的能力。影响的方法，只有使教士中大多数人有所恐惧而又有所希望：免职或其他处罚是他们所恐惧的；升迁是他们所希望的。在一切基督教会中，牧师的圣俸是他们终身享受的一种不动产。如果君主滥用暴力，因为他们过于热心散布煽动性的教义就企图剥夺他们终身享有的不动产，那么这种迫害，只不过会使被迫害的牧师及其教义陡增十倍的声誉，因而对于君主自身陡增十倍的麻烦。企图恐吓他们，只会刺激他们坚定的反抗；如果处理稍为温和一点，也许很容易使其缓和下来或者完全放弃。法国政府常用暴力强迫议会或最高法院公布违反民意的布告，但是很少成功。可是，它通常所用的手段，即把一切顽固不化者监禁起来，却算是十分厉害的了。

在古老的基督教教会的制度中，主教通常由主教辖区的牧帅及人民共同选举。人民的这种选举权并没有保持多久，牧师们不久就觉得，主教由他们自己选举比较容易得多。同样，修道院院长，也由院中修道士选举，至少大部分修道院的情况是如此。

罗马教皇首先逐渐把欧洲大部分的主教和修道院院长的任命权揽到手中。留给主教的，除了仅仅足够维持对其辖区牧师的权力，就再没有什么了。这样一来，欧洲各国的牧师们简直就编组成了一种宗教部队。他们虽然散处各国，但一切活动、一切动作，都由一个首领指挥，并在一种统一的计划下进行着。每个支队，不仅对于各自驻在国及国家的君主是独立的，而且还隶属于一个外国君主。这个外国君主随时可以命令他们不把矛头转向该国的君主，并使用其他所有支队支援他们。在制造业未发达之前的欧洲，牧师们的富有使他们对普通人民拥有大领主对其家臣拥有的同样权力。因此，就像大领主在其领地及庄园所拥有的司法权一样，牧师们的司法权就与国王的法院独立，划在国家司法管理范围以外了。牧师间的团结，总是大大超过领主间的团结。前者是在一种正规的纪律和从属关系下服从罗马教皇的权威；后者彼此间几乎常常相互猜忌。此外，牧师们的款待和慈善，不但使他们能支配一支巨大的世俗力量，同时也大大增加了他们精神武器的力量。他们的善举博得了一般下层人民最高的尊敬和崇拜。

在 10—13 世纪，罗马教会组织可以说是反对政府权力和安全，反对人类自由、理性和幸福的前所未有的可怕的联合。技术、制造业及商业的逐渐发达，是大领主权力瓦解的原因，也是牧师们在欧洲大部分的世俗权力全部瓦解的原因。像大领主一样，牧师们在技术、制造业及商业的生产物中，找到了可以交换自己生产物的东西，并且发现了自己可以消费其全部收入的方法。所以他们的善举逐渐缩小范围，他们的款待也不像以前那样慷慨了。从此，下级人民受牧师们支配的利害关系就一天天瓦解了。和使人民受大领主支配的利害关系的瓦解比较，前者的衰微与瓦解来得更加迅速。这是因为大部分教会远不如大领主领地多，因此，每个领地的所有者，自己消费其全部收入就更快更容易。教会这时在欧洲大部分的力量，几乎就只剩下了精神上的权威；甚至连这精神上的权威也因牧师们慈善减少而大大削弱了。另一方面，富有牧师们的虚荣和奢侈，又惹起了下层人民的愤慨和嫌恶，因为一向被视为贫民世袭财产的东西，现在竟被这些牧师为了享乐而浪费了。

在这种情况下，欧洲各国君主力图挽回他们曾经拥有的支配教会重要圣职的影响。他们一方面恢复各主教领区副主教及牧师选举主教的权利，一方面恢复以前各修道院修道士选举院长的权利。这种旧制度的重建，就是 14 世纪英格兰制定的几项法令，特别是所谓圣职候补条例的目的，也是 15 世纪法国颁发的国事诏书的目的。自诏书颁布以来，每当君主与教皇有所争议的时候，法国牧师往往是站在君主一边的。这样看来，牧师们扰乱国家治安的力量和意向，就大不如前了。引起宗教改革的争论在德国发生，不久就传播到了欧洲各个地区。新教义到处都大受欢迎。不过，使大多数人民欢迎它的，是宣传新教义的人到处宣传教义的雄辩，有时虽不免流于粗俗，然而却是热诚的和狂热的雄辩，使当时与罗马教皇不和的君主，凭着新教义就可以把自己领土内的教会颠覆下去，后者已经失去了人民的尊敬和崇拜，不能做出什么反抗了。

在危机四伏的情况下，教皇宫廷不得不向法国及西班牙有势力的君主求好。全靠他们的援助，教廷才把他们领土内的宗教改革运动镇压住，或者大大地阻止住了。宗教改革的追随者散布在欧洲各国，但他们之间没有一个最高法庭，以不可抗拒的权威给他们规定正教的正确范围。因此，在一切信徒之间，就产生了两个主要党派或教派，即路德派和加尔文派。路德的追随者与所谓的英格兰教会，都多少保留了监督制度的形式，牧师之间建立一定的从属关系，主教及其他主教会议牧师的任免权给予君主，从而就使君主成为教会的真正首脑了。所以，不论哪个国家，这种教会管理制度一经确立，就从来没有引起什么骚乱或内讧。反之，茨温克利的追随者，或者说加尔文的追随者，把各教会牧师的选举权交给各教区人民，在牧师之间树立最完全的平等关系。这一制度的前一部分，在它奏效的时期似乎也只不过导致了无秩序和混乱的状态，并使牧师和人民都道德沦落；就后一部分来说，除了达到完全平等外，也似乎没有什么结果。

长老管理教会制度在牧师间树立的平等，第一是权力或教会管辖权的平等；第二是圣俸的平等。这使得他们的独立精神受到了广泛的敬重。由于这个缘故，普通人民不用强迫就全部皈依国教这一事实，只有在实行长老教会制的国家才能见到。

教会大部分的圣俸都很普通的国家，大学的报酬就一般要比教会的报酬优厚。那么大学的人员便会在全国所有牧师中抽取选拔，因为在任何国家牧师都是有最多学者的阶层。反之，一个教会的圣俸如果很可观，那教会自然会把大学中大部分知名的学者吸引过去。在前一种情况下，全国知名的学者会云集于各大学；在后一种情况下，留在各大学的知名学者将为数不多。除了罗马教会之外，一切基督教国家中要算英格兰教会最富裕，捐赠财产最多了。因此，英格兰各大学的一切最优秀、最有能力的学者，就不断被教会吸引过去了。反之，在日内瓦，在瑞士新教各州，在德意志新教各邦，在荷兰，在瑞典，在丹麦，它们培养出来的最著名的学者，至少有很大一部分是在充当大学教授。在这些国家，教会中一切最有名的学者不断被大学吸引过去。

值得我们注意的是，在古希腊和罗马，除了诗人、少数雄辩家及历史学家外，其余大部分知名的学者都是哲学或修辞学的公共或私人教师。让一个人年复一年地教授某一特定学科，的确是使他完全精通那门学科的最有效的方法。教会的圣俸如果是普通的，则大部分学者自然会从事最有用于国家和社会的教学职业，同时并可由此获得他所能接受的最良好的教育。这一来，他们的学问便会成为最充实、最有用的了。

应该指出，国教教会的收入，除了土地或庄园产生的那部分收入外，虽然也是国家普通收入的一部分，但这一部分没用在国防上而是转到与国防非常不同的目的上了。例如，向教会缴纳的什一税，是一种真正的土地税，教会不收此税的话，土地所有者对国防所能提供的贡献是要大得多的。不论什么职务，要正当执行，其报酬就必须尽可能与该职务的性质相称。如果报酬过少，就很容易因为大部分在职者的卑劣无能而受到损害；报酬过多，就很容易因为他们的疏忽懒惰而受到更大的损害。但是，对于一个牧师来说，奢侈放任的生活方式不但会把他应该用在职务上的时间消耗掉，并且会使他在人民心目中尊严扫地。而人格的尊严，正是使他有适当的势力与权威来执行其职务的唯一力量。

第四节　论维持君主尊严的支出

一国的君主，除了执行各种职务必要的支出以外，为了维持其尊严也必须有一定的支出。其大小，随社会不同的发达时期而不同，随不同的政体形式而不同。

在富裕而进步的社会中，各阶级人民的房屋、家具、食品、服装以及游玩，都变得越来越讲究，在这种情况下君主要抵制大众潮流也是难以做到的。他的一切物品的支出必然日益增加。因为不这样就不能维持他的尊严。就尊严来说，君主高于其臣民，比共和国元首高出其同胞市民程度更大，所以要维持这样更高的尊严，势必要更大的支出。总督或市长的官邸，其华丽当然就不能与国王的皇宫相提并论了。

第二章　论一般收入或公共收入的来源

一个国家每年支出的费用，有两个来源：第一，特别属于君主或国家而与人民收入无关的资源；第二，人民的收入。

第一节　特别属于君主或国家的收入来源

特别属于君主或国家的资源或收入来源，由资本或土地构成。

君主由其资本取得收入的方式与其他资本所有人一样，有两种：一是自己使用这笔资财；一是贷给他人。在前者，其收入为利润，在后者为利息。鞑靼或阿拉伯酋长的收入全是利润，他们自己监督牲畜的饲养，由畜群的乳汁及增殖获取收入。不过，以利润为王国收入的主要部分，只是最初期、最原始的政府状态下的事情。

小共和国有大部分收入是来自商业经营上的利润。据说，汉堡共和国的大部分收入就是来自国营酒库和药店。公立银行的利润，常常是更大国家的收入源泉。不但汉堡是如此，威尼斯及阿姆斯特丹亦是如此，就连不列颠这样的大帝国，也没有忽视这种收入。但各国君主从事商业成功的并不多。君主的代理人，往往以为主人有无尽的财富；货物以什么价格买入，以什么价格售出，运费是多少，他们从不去精打细算。商人性格与君主性格的水火不相容，可以说是达到无以复加的程度了。

一国的公共收入往往可以从货币的利息得到一部分，就像资本的利润一样。如果国家积蓄了一笔财宝，可把这财宝的一部分贷给外国或本国的臣民。伯尔尼郡购买欧洲各债务国的公债，获得了很大的收入。此收入的安全性，首先要看公债的安全性如何，管理此公债的政府的信用如何；其次要看与债务国继续保持和平的可能性的大小。在战争爆发的情况下，债务国方面最初采取的敌对行为，恐怕就是没收债权国的公债。以货币贷给外国，据我所知是伯尔尼郡特有的政策。汉堡市设立有一种公共当铺，贷款给人民取6%的利息。能够维持政府的安全与尊严的，只有确实的、稳定的、恒久的收入。所以，一切已经超越游牧阶段的大国，从来都不由这种来源取得其大部分的公共收入。

土地是一种比较确实和恒久的资源。所以一切超越了游牧阶段的大国的收入，都是以国有土地地租为主要来源。古代希腊及意大利各共和国，国家大部分必要的开支，在很长时间内是取之于国有土地的产物或地租。而古代欧洲各国君主大部分的收入，也在很长时间内取自王室领地的地租。欧洲大部分文明的君主国的现状是，全国所有土地所能够提供的地租，恐怕决不会达到各国平时向人民征收的普通收入那么多。例如，英国平常的收入每年达1000万镑以上。然而所收土地税，以每镑征4先令计算的话，还不到200万镑。这所谓的土地税，按照设想不仅包括所有土地地租的1/5，而且包括所有房租和资本利息的1/5。土地税有很大部分是取自房租及资本利息。英国为征收土地税对各种收入所作的估计，按全国平均计算，无疑和实际价值相差太远。

人民由土地获取的收入，不是与土地地租成比例，而是与土地的生产物成比例。凡使土地生产物不能增加到其本来可能增加到的水平的原因，它使人民收入因而减少的程度，总大于它使地主收入减少的程度。英国土地地租，即生产物中属于地主的部分，差不多没有一个地方达到全部生产物的1/3以上。如果各国君主都出售其私有土地，会得到一笔可观的收入；如果用以清偿国债收回担保品，那由此所得的收入比这种土地在任何时候给君主提供的收入恐怕都要多得多。当王室土地变为私有财产时，会被好好地改良和耕种。生产物由此增加了，人口也必然随着增加，人民收入和消费增大，君主从关税及货物税得到的收入势必随着增加。文明国君主从王室土地获取的收入，其实比君主所享有的其他任何同等收入对全社会的损害都要多。所以，为了社会的利益，应该拍卖王室领地，从而分配给人民，而君主以前由其领地享有的收入则由人民提供其他同等收入来代替。

因此，公共资本和土地，即君主或国家所特有的两种收入来源，既不宜也不够支付一个大文明国家的必要费用，那么，这必要费用的大部分就必须由各种税收来支付。换言之，人民必须拿出自己的一部分私人收入给君主或国家，作为一笔公共收入。

第二节　论税收

第一篇说过，个人的私人收入最终总是来自三个不同的来源，即地租、利润和工资。每种税收，归根结底都是由这三种收入源泉的一种或由这三种收入源泉共同支付的。许多税收，结果不是由打算加于其上的那项基金或收入源泉支付的。

关于一般税收有四种原则作为前提。第一，每一个国家的国民，都应当尽可能按照各自能力的比例，即按照各自在国家保护下获得的收入的比例，缴纳税收以维持政府。第二，各国国民应当缴纳的税收，必须是确定的，不得随意变更。第三，各种税收完纳的日期及方法，应当视纳税者的最大便利而定。第四，所有税收的征收，都要设法使人民所付出的尽可能等于国家所收入的。

第一项　地租税即加在土地地租上的税

加在土地地租上的税，有两种征收方法：第一，按照某种标准，对各地区评定一定的地租，以后不再变更；第二，税额随土地实际地租的变动而变动，随土地情况的改善或恶化而增减。

英国各地区的土地税，是根据一个不变的标准评定的。这种固定的税在设立之初虽说是平等的，但久而久之必然会变得不平等。英格兰由威廉及玛丽四年法令规定的各教区的土地税，甚至在设定之初就是极不公平的。英国自从评定土地税收以来，部分地由于每个地区的巨大繁荣，一切土地地租都在不断上升，而且只升不降，因此，按现在地租计算应付的税额和按以前评定实付的税额之间，就产生了一个差额，所有的地主几乎都按这个差额而得到了好处。自从作了这种评估以来，白银价值十分地稳定；在重量和纯度上，铸币的法定标准都没有变化。如果银价大大上升，像在美洲银矿发现之前的两个世纪那样，则此评估的固定性，将使地主的这部分收入大为减少。如果银价显著跌落，像在美洲银矿发现之后一个世纪那样，则君主的收入会因此评估的固定性而大大减少。此外，如果货币的法定标准变动，同一银量或被降低名义价格或被提高名义价格，那么，在后一情况下吃亏的是收税的君主，在前一情况下，吃亏的是纳税的地主。因此，在与实际情况略有偏差的情形下，这种评估的固定性就不免给纳税者或国家带来极大的不便。然而在时间的变迁中，那种情况早晚会有发生的一天。

在威尼斯境内，所有租于农场主的可耕地要征收等于地租1/10的税。租约要在政府登记册上登记，如果土地所有者自耕其地，其地租则根据公平的评估，减去税额1/5。因此，土地所有者对这种土地所纳的税就不是10%而是8%了。与英国的土地税比较，这种土地税的确公平得多。但它并不确定，它在估定税额上，常常更麻烦，费用更高。可以设计这样一种管理制度，既能在很大程度上防止不确定性，又能在很大程度上减轻费用。比如，规定地主及佃农两方必须共同在政府登记册上登记租约，如果一方有隐瞒或篡改租约的予以一定的罚款，这样，就可以有效地防止他们合伙骗取公家的收入。

上述管理制度，也许可以消除这种税收由于不确定所带给纳税者的压迫与不便；另一方面，在土地的普通管理上，也许又可以引进一种大大有助于全国土地的改良及耕作的改善的计划或政策。

土地税随地租变动而变动，就不能不在各地设立登记机构。而当地主自耕其土地时，就必须重新评定土地的地租，两者都要有额外的支出。不过，这一切支出都很少，实在不算什么。

可变动的土地税会阻碍耕地的改良。因为君主不分摊改良的费用，却分享改良所得的利润，作为地主当然不愿从事土地的改良。然而这种阻碍，也许可以免除。改良的实际价值，应该在一定年限内，能完全得到赔偿，这样他就没有什么不情愿了。

无论社会状态怎样变动，无论农业改良还是退步，无论银价和铸币法定标准怎样变动，这样一种赋税就算没有政府的过问，也自然会与事物的实际状态相适应。而且所有这些变动下，都会同样公平合理。所以，最好的办法是把它作为一种不变的规定固定下来，或固定为所谓的国家基本法。

按照一般丈量和评估而定的土地税，不管开始多么公平，实行不久就必定变得不公平了。为防止这种弊端，政府要不断地、耐心地留意国内各农场的状态及其产物的一切变动。普鲁士政府、波希米亚政府、沙迪尼亚政府以及米兰公国政府，都曾经实际注意了此事。不过，这种注意很不符合政府的性质，所以不可能持续下去，即使持续下去，久而久之不但对纳税者无益，而且会引起更多的麻烦和困扰。

1666 年，据说蒙托班税区所征收的贡税，是根据极其精确的丈量及评估。到 1727 年，这评估却变得完全不公平了。为了消除这种弊端，政府除了对全区强征 12 万利弗附加税以外，再也找不出更好的对策了。这项附加税是要加在一切按照旧的估定税额应该缴纳贡税的税区，但事实上只加在了按照旧的估定税额实际上纳税过少的地区，借以贴补按照旧的估定税额实际上纳税过多的地方。比如现在有两个地区，一个按实际情况应纳税 900 利弗，另一个应纳税 1100 利弗。而按旧的估定税额，两个地区都应该纳税 1000 利弗。在纳完附加税后，两者的税额都定为 1100 利弗。但要纳附加税的，只限于以前纳税过少的地区，以此救济之前纳税过多的地区。所以后者只需要缴纳 900 利弗。附加税完全用以救济旧估定税额导致不公平，所以，对政府来说，既无所得也无所失。

不与地租成比例而与土地生产物成比例的税收对土地生产物的征

收的税，实际就是对土地地租的税。这种税虽由农民先垫支，结果仍由地主来支付。

什一税及其他所有类似的土地税，表面看来似乎十分公平，实际上极不公平。在不同情况下，一定部分的生产物实际上等于极不相同部分的地租。肥沃的土地，往往能生产极丰富的产物；这些产物的一半就足够偿还耕作的资本及其普通利润了，其余的一半，如果没有什一税的话，是足够提供地主的地租的。但是，如果把生产物的1/10用来支付什一税，就必须要求减少地租的1/5，否则资本及利润就无法收回。在这种情况下，地主的地租就不是全生产物的一半，而只有2/5了。

因此，什一税对于地主改良土地及农民耕种土地，常常是一大妨碍。教会不出任何改良费用，却想分享如此大的利润，那么地主就不愿进行最重要，也是最费钱的各种改良；农民也不肯种植那最有价值，也是最费钱的谷物。亚洲的许多国家，也像欧洲大部分地区的教会一样，其主要收入都依靠征收不与土地地租成比例而与土地生产物成比例的土地税。中国的皇帝的主要收入，由国家所有土地生产物的1/10构成。亚洲的这种土地税，据说使亚洲的君主们都十分关心土地的耕作及改良。

对土地生产物征收的税，有的是实物，有的是根据某种评估征收货币，但是征收实物比征收货币更容易舞弊。对土地生产物征收货币税收，有的是按照随市场价格变动而变动的评估；有的则是按照固定不变的评估。例如，无论市场如何变动，一蒲式耳小麦总是按照同一货币价格估值。按前一种方法征收的税额，只随实际生产物的变动而变动；按后一种方法征收的税额，就不但随土地生产物的变动而变动，而且会随贵金属价值的变动，甚至随不同时代铸币所含的贵金属分量的变动而变动。因此，就前者而言，税额对于土地实际生产物的价值，总是保持同样的比例；就后者而言，税额对于那个价值在不同时期会保持大不相同的比例。

当不征收土地生产物的一部分或一部分的价格，而是收取一定的货币来完全代替所有税收或什一税的时候，这种税就与英格兰土地税具有同样的性质。它既不会随土地地租而升降，也不会妨碍或促进土地的改良。东印度公司的某些工作人员，借口把公共收入恢复到其应有的价值，在某些省份把货币税改为用实物支付。可是，在他们管理下，这一改变不但阻碍了土地耕作，同时也造成了征收过程中营私舞弊的新的机会，所以与他们起初接管那种税收时比较，公家收入大为减少。公司人员也许从这个改变得了好处，但恐怕是以他们的主人和国家为牺牲的。

房租税

房租可以分为两个部分：一部分可称为建筑物租金；另一部分通常称为地皮租金。

建筑物租金，是建筑房屋使用的资本的利息或利润。为了使建筑业与其他行业处于同一水平，这种建筑物租金必须：第一，足够支付建筑业者一种利息，相当于他把资本在有抵押品贷出时所能得到的利息；第二，足够他经常维修房屋，够他在一定年限内能收回其建筑房屋的资本。因此，各地的建筑物租金，或建筑资本的普通利润，是由货币的普通利息规定的。

全部房租中，超过提供合理利润的部分自然归作地皮租金。在地皮主人与建筑主人不是同一个人的场合，这部分一般要全部付给前者。在离城市很远，有很多地皮可供选择建筑房屋的地方，地皮租金几乎等于零；大城市附近的郊外别墅，其地皮租金就要昂贵得多；在大城市，尤其是在对房屋有最大需要的特别地段，不管这需要是为了营业、游乐，或娱乐和社交，地皮租金都是最高的。

对房租所征收的税，如果由住户支付且与房屋的全部租金成比例，那就至少在长期内不会影响建筑物租金。这种税，往往会部分地由住户承担，部分地由地皮主人承担。

举例来说，有一个人判断他自己每年能出 60 镑的房租，假定加在房租上由住户支付的房租税为每镑 4 先令，或租金的 1/5，那么 60 镑租金的房屋每年就要花费他 72 镑，其中有 12 镑超过了他能负担的数额。这样一来，他就不得不退而求其次，住租金 50 镑一年的房屋。这 50 镑，再加上必须支付的房租税 10 镑，恰恰等于他每年所能负担的 60 镑的数额。因此，这种税把他这个竞争者排除出去，对于年租 60 镑的房屋竞争就必然减少，对于年租 50 镑的房屋竞争也同样会减少。以此类推，其他一切房屋的竞争都会减少。其结果是，一切竞争减少的房屋租金都必然或多或少地下落。可是，因为减少的任何部分，至少在长期内不会影响建筑物租金，所以，这种税的全部就必然要落在地皮租金上。因此，房租税最后的支付，一部分落在因为分担此税而不得不放弃一部分便利的住户身上，另一部分落在因为分担此税而不得不放弃一部分收入的地皮主人身上。

房租虽然与土地地租在诸多方面相似，但在某一点上却与土地地租有着本质的不同。土地地租是因为使用了一种有生产力的东西而支付的，支付地租的土地，自己生产这种地租。房租是却因为使用了一种没有生产力的东西而支付的。房屋以及房屋所占的地皮，都不能生产什么。所以，支付房租的人，必须由其他与房屋不相关的收入来源中提取所需的款项。

如果采用确定普通地租所必须采用的政策，确定房租就容易做到十分准确的地步。无人居住的房屋应当免税。所有者自己居住的房屋，应纳税额不应当根据其建筑费来确定，而应按房屋租给别人所能收回的租金来确定。

与房租比较，地皮租金是更合适的税收对象。对地皮租金课税，是不会抬高房租的。那种税，将全部由地皮主人承担。地皮主人总是以垄断者自居，对于地皮的使用总是尽可能地勒索最高的租金。地皮租金的税，是由住户垫支还是由地皮主人垫支，并不重要。住户所纳的税越多，他所愿付的地皮租金就越少。所以地皮税金的支付，最后还是完全落在地皮主人身上。无人居住的房屋的地皮金，当然不应该征税。

在英国，根据所谓的年土地税，房租税的税率应该和地租税的税率相同。英格兰的房屋税不与房租保持比例。最初是根据火炉的数目征税，每个火炉征收 2 先令。后来此税又被废除了，而代之以窗户税，即根据窗户的数目征税，对于每所有人居住的房屋征收 2 先令。房屋有 10 个窗户的增收 4 先令，有 20 个甚至 20 个以上窗户的增收 8 先令。后来窗户税也几经变更和增加。

对各种税主要的反对理由，在于它们的不公平。而其中最坏的，就是它们加在穷人身上的，往往比加在富人身上的要重。乡镇上一所 10 镑租金的房屋，有时比伦敦 500 镑租金房屋的窗户还要多。不论前者的住户怎么穷而后者的住户怎么富，根据窗户税，前者就得负担更多的费用。因此，这类税就直接违反上述四个原则中的第一个原则了。

窗户税以及其他所有房屋税的自然趋势，是降低房租。一个人纳税越多，很明显他所能负担的房租就越少。然而英国自窗户税实施以来，所有市镇乡村的房屋租金都多少有了提高。因为各地对房屋的需求增加了，使房租提高的程度超过了窗户税使其降低的程度。这足以证明，国家繁荣了，居民收入也增多了。

第二项　利润税，即资本收入税

由资本产生的收入或利润，自然分成两个部分：第一，支付利息，属于资本所有人的部分；第二，支付利息以后的剩余部分。

后一部分利润，显然是不能直接征税的对象。作为对投资危险及困难的报酬，在大多数情况下，这种报酬是非常微薄的。资本使用者必须有这项报酬，他才肯继续使用，否则，从本身利益出发，他是不会再继续这种资本用途的。因此，如果按全部利润的比例直接对其征税，他就不得不提高其利润率，或把这一负担转嫁到货币利息上去，从而少付利息。如果按照税的比例而抬高其利润率，那么，全部税款虽然可能由他垫支，结果还是会按照他的资本使用方法，由以下两种人民当中的一种来支付。如果用作农业资本，他就只能保留较大一部分土地生产物而抬高其利润率。要想这样做，只有扣除地租。这样，最后的支付，就落到地主身上了；如果用作商业资本或制造业资本，他就只能抬高货物价格而提高利润率。于是，利润税最后的支付，就要完全落到消费者身上。

乍看起来，货币的利息好像和土地地租一样，是能够直接征税的对象。正如土地地租一样，货币利息是完全除了投资危险与困难的报酬后所剩下的纯收入。地租税不能抬高地租。同样的道理，货币利息税也不能抬高利息率。因为一国的资本量或货币量，与土地的数量一样，税前、税后被认为是不变的。然而与地租比较，货币利息是不宜直接征税的，有两种不同的情况。

第一，私人土地的数量与价值不可能保守秘密，而且往往能准确地确定。但是，私人所拥有的资本量，却几乎总是秘密，很难相当准确地确定。此外，资本量随时都会发生变动。第二，土地是不能移动的，而资本则很容易移动。资本所有者可以说是一个世界公民，不一定要属于哪一个特定的国家。一国如果要课以重税，多方调查其财产，他就要把资本迁往任何其他国家，只要那里能更自由地经营事业和安逸地享有财富。他转移资本，资本以前在该国所经营的一切产业就会随之停止。

因此，要对资本收入征税的国家，都避免采用严厉的调查方法，而往往是非常宽松的，往往满足于过低的估算方法。英格兰所谓的土地说，原来应该对资本所课的税采用同样的税率。当土地税为每镑 4 先令，即相当于推定的地租的 1/5 时，资本税率也打算为利息的 1/5。当现行土地税刚刚建立的时候，法定利息率为 6%，因此，每 100 镑资本，应该课税 24 先令，即 6 镑的 1/5。所谓的土地税征收的总额，由乡村和主要城市分摊，其中大部分是由乡村负担的。城市负担的部分，大部分是向房屋征收，其余对市镇上的资本或营业（因为对于土地的资本不打算课税）征收的部分，远低于资本或营业的实际价值。因此，全国普遍的繁荣使许多地方土地、房屋及资本的价值增高了很多。然而各教区对于这一切的课税，却依旧沿用最初估定的税额，所以现在看来，那种不公平就变得不重要了。此外，各地区的税率很少变动，这样一来，这种税的不确定性，就其可能加在个人的资本上来说，已大大减少了，同时也变得不重要了。

如在威斯敏斯特，全部土地税都是课在房屋上，资本和营业都不征税。但伦敦不是如此。无论哪个国家，都小心谨慎回避了对私人举动的严格调查。英格兰通过土地税法案征收的资本税，虽然与资本量成比例，但并不打算减少或取走资本的任何部分，而只打算按照土地地租税的比例，对货币利息征收相等的税。所以，当地租税是每镑4先令时，货币利息税也是每镑4先令。

特殊营业资本的利润税

有些国家，对于资本利润征收特别的税。有时是当资本用在特殊商业部门上的时候，有时是用在农业上的时候。

不过，对于特殊商业部门资本征收的税，最终都不是由商人负担，而是最终落在了消费者身上。消费者必然在商品的价格上支付商人垫付的税额，连带在大多数场合，商人把价格提高的部分。

但当这种税不是与商人的营业成比例，而是不加区别地加在一切商人身上时，虽然最终是由消费者支付，却对大商人有利，对小商人成为一种压迫。不过，因为税率的轻微，这种不公平也无关紧要。要想相当准确地按各店铺的营业范围比例征税，那么除了采用自由国家人民难以忍受的调查外，再也没有别的办法了。如果税很重，它将成为小商人的重大负担，并使全部零售业落入大商人手中。小商人的竞争不存在了，大商人就将享受营业上的垄断。如果他们立即联合起来，就会把利润大大抬高到纳税所需的限度以上。这样一来，店铺税的最后支付，就不是由店铺主人支付，而是由消费者支付了；消费者还要为店主的利润再付一大笔额外费用。因为这个缘故，这种税的设计被搁置起来，而代之以1759年所设的补助税。

在法国，有一种税称为个人贡税，这也许是在欧洲所有地方对农业资本利润所课的最重的税了。法国今天（1775年）征收的个人贡税，各州负担的比例每年都有变动，取决于枢密院所收到关于各州纳税能力情况的报告。枢密院虽然愿望是良好的，但要想以相当准确的比例，决定当年某州、某区、某地域的实际纳税能力似乎是不可能的。无知与误报，一定会或多或少地使公正的枢密院错下判断。据说，导致收税员往往错下评判的，不仅是由于无知和误报，而且还由于党派拉关系、派别仇恨以及私人恩怨。任何纳税者，在税额未确定以前不知道他要纳多少税，那是很明显的；甚至在税额评定以后，他也还不确切地知道。

当一种税加在农业资本利润上时，农民从这种用途撤回一部分资本，一定不符合自己的利益。每个农民占有一定的土地，对土地支付地租。如果他把必要的资本撤回一部分，他就不会更有能力支付地租或税收。为了付税，他的利益并不在于减少农作物产量，因此，这种税决不会使他抬高产物的价格，把税转嫁于消费者，以补偿所付的税。不过，农民也像一切其他经营者一样必须有合理的利润，否则他就会放弃这种职业。他必须纳的税越多，他能够提供的地租就越少。这种税如果在租约未满以前征收，那就无疑会使农民陷于困难或破产的境地。可是，当租约期满续订时，这赋税就一定要落在地主身上。

在征收个人贡税的国家，农民通常是按在耕作上使用的资本比例纳税。因此，他常常不敢备有好的牲畜，而竭尽所能用那些最恶劣、最无价值的农具耕作。这种耕作的退化，使公家、农民和地主都会多少蒙受损失。个人的贡税，在许多方面都倾向于妨害耕作，从而使富裕国家的财富源泉枯竭，这在本书第三篇已经陈述过了。

对特殊营业资本的利润征税，决不会影响货币的利息。一个人放债，绝不会对资本用于有税用途的人，收取低于向资本用于无税用途的人所收的利息。政府如果按相当准确的比例对各种用途的资本的收入都课税，那在许多场合，这税就会落在货币的利息上。法国的1/20即20便士取1的税，与英格兰所谓的土地税相同，同样以土地、房屋和资本的收入为对象。其对资本所征收的税，虽然不怎么苛刻，但比英格兰的土地税却评估得正确多了。在许多场合它完全落在货币利息上面。

第三项　劳动工资税

本书第一篇已经说明过，低级劳动者的工资，到处都受两种不同情况的支配，即劳动的需求和食物的普通或平均价格。食物的普通或平均价格，决定着必须付给劳动者货币，使他们每年能购买一定数量的生活资料。当劳动需求及食物价格没有变动时，对劳动工资直接征税的唯一结果，就是把工资提高到稍稍超过这个税额的水平。

对劳动工资直接所征的税，虽然由劳动者支付，但严格地说，不但工资税，还有超过此税额的款项，其实都是直接由雇他的人垫支的。至于其最后的支付，则在各种不同的场合由不同的人负担。制造业劳动工资由课税而提高的数额，是由制造业主垫支的，他有权力而且是不得不把垫支额以及应得的利润，转嫁到货物价格上。因此，工资提高额及利润增加额，最终都是落到消费者身上。乡村劳动工资由课税而提高的数额，由农场主垫支。农场主要维持和以前相同的劳动者人数，就必须投入更大的资本。为了收回这更大资本及其利润，他必须留下一大部分的土地生产物，结果他就要少付给地主地租。所以，劳动工资提高额及利润增加额，都要由地主来负担。

如果对工资直接所征的税，没有使工资相应地提高，那是因为一般劳动需求因此大大下降了。这种税的结果一般是：农业的衰退、贫民就业的减少、国家土地劳动年产物的降低。这种税虽不合理，而且极具破坏性，但许多国家却在实行。法国对乡村劳动者及日工的劳动征收的那部分贡税，严格地说就属于这种税。在波希米亚，1748 年开始改革财政制度的结果是，对手工业者的劳动分为四个等级，征收一种非常重的税。

本书第一篇说过，优秀艺术家和自由职业者的报酬，必然与较低级的职业报酬保持一定的比例。因此，对这报酬课税的唯一结果，就是使该报酬略高于该税比例而提高。假若报酬没有这样提高，那优秀的艺术及自由职业，就不再与其他职业立于同一水平，于是从事这些职业的将大为减少。

政府官员的报酬，不像普通职业的报酬那样受自由竞争的影响，所以并不总是与这职业的性质所要求的报酬保持适当的比例。管理国家的人，对于自己以及其直接下属一般都倾向于给予超过充分限度以上的报酬。因此，在大多数场合，官吏的报酬是完全可以征税的。

第四项　打算不加区别地加在各种收入上的税

打算无区别地加在各种收入上的税，是人头税和消费品税。这种税，必须不加区别地从纳税者各种收入中支付，不管其收入是来自土地地租、资本利润或劳动工资。

人头税

人头税，如果企图按照纳税者的财富或收入比例征收，那就完全是任意的。一个人的财富状况，每天都是不同的，不经过让人难以忍受的调查，至少每年不会重新修订一次，就只能全凭推测了。人头税，如果按照每个纳税人的身份征收，那就要完全变成不公平的。同一社会身份的人，其财产富裕程度常常是不一样的。

因此，这类税如果企图使其公平，就要完全成为任意的、不确定的；如果企图使其确定而不是任意的，就要完全成为不公平的。不论税重还是轻，不确定总是引起不满的一大原因。

法国自本世纪初以来推行的人头税，现在还在继续施行。对人民中的最高阶级所课税率不变；最低阶级，则根据推定的财富程度而每年不同。法国的达官显贵，一般肯接受很不公平但对于他们影响并不过重的税；但省长任意估定税额的做法，他们却无论如何都不能忍受。

英格兰的各种人头税，从没有收足所期望的金额。反之，法国的人头税，却总是能够收足所期望的金额。英国温和的政府对各阶级人民征人头税时，总是满足于征得的金额。不能或不愿纳税的人，因为法律的宽大，虽使国家蒙受损失，也不强制要求其补偿。法国政府则是比较严酷的。

加在低级人民身上的人头税，就是一种对劳动工资的直接税收，征收这种税具有种种的不便。人头税征收的费用是很少的。如果严格执行，就会为国家提供一项极确定的收入。因为这个缘故，在不把低级人民的安逸、舒适及安全放在眼中的国家，人头税非常普通。

消费品税

不论采用哪种人头税，要按照人民收入比例去征收都是不可能的。这种不可能，似乎就促进了消费品税的发明。国家不知道如何直接地、成比例地对人民的收入课税，于是就力图间接地对他们的支出课税。这支出被认为在大多数场合与他们的收入保持一定的比例。

消费品或是必需品，或是奢侈品。由于各地的劳动工资，部分地受劳动需求的支配，部分地受生活必需品的平均价格的支配，所以，凡是提高平均价格的事物必然会提高工资，使得劳动者有能力来购买按当时劳动需求他们应该有的各种必需品数量。

于是，对生活必需品课税，和对劳动工资直接课税所产生影响就如出一辙了。那种税，在长期内最终是通过增加的工资由其直接雇主垫支给他。雇主如果是制造业者，他会把增加的工资连同一定的增加利润，转嫁到货物价格上。所以，此税最后的支付将由消费者负担。雇主如果是农场主，则此支付将由地主负担。

对所谓的奢侈品课税，即使是贫穷人民的奢侈品，则另当别论，课税商品价格的上升，不一定会引起劳动工资的提高。例如，香烟虽然同时是富人和穷人的奢侈品，但对其课税不会提高劳动工资。香烟税在英格兰达原价的 3 倍，在法国高达原价的 15 倍。税率虽然如此之高，但劳动工资似乎没有因此受到影响。

这类商品的高价，不一定会降低下等阶级人民养育家庭的能力。对于勤劳简朴的贫民来说，对这些商品课税有着类似取缔奢侈的法令的作用，会使他们少用或完全不用那些他们已不再能轻易买得起的奢侈品。必需品的平均价格，不论上升多少，如果劳动工资不相应地增加，就必然会降低贫民养家的能力，从而降低其供给有用劳动需求的能力，不管需求的情况如何，是增加，是不增不降，或是降低。

对奢侈品课税，除被课税商品本身的价格外，其他任何商品的价格都不会因此上升。对必需品课税，由于提高劳动工资，必然会提高一切制造品的价格，从而减少销售与消费的范围。奢侈品税，最终是由课税品的消费者支付的，它们不加区别地落在土地地租、资本利润及劳动工资等收入上。必需品税，最终部分地由地主以减少地租的方式来支付，部分地从提高制造品价格由富有的消费者或地主或其他的人来支付。中等及上等阶级人民，如果能真正了解他们自身的利益，就应该一直反对生活必需品税，反对劳动工资的直接税。这两者最后的支付，全都要落在他们身上，而且总是附带一个相当大的额外数目。在英国，对生活必需品所征收的税主要是加在四种商品上：盐、皮革、肥皂和蜡烛。

这类税，虽然提高了生活必需品的价格，从而提高了劳动的价格，但却为政府提供了一大笔由其他方法不容易得到的收入。因此，有正当的理由继续实行这类税。对谷物输出的奖金，在实际农耕状态下有提高必需品价格的趋势，所以必然要产生上述不良后果。可是，它对于政府不但没有任何收入可图，而且往往要支出一大笔费用。对外国谷物进口征收的重税，在普通的丰收年度实际上等于禁止其进口。对活牲畜及盐腌食品进口的绝对禁止，是在法律的普通状态下实行的，现在暂时停止对适用于爱尔兰及英国殖民地的产品执行。所有这些规定，都具有必需品税的一切恶果，而对政府却没有任何收入贡献。

消费品，不论是必需品或是奢侈品，都可以用两种方法征税：第一，可让消费者对消费某种货物每年缴纳一定的税额；第二，货物还在商人手中尚未移交给消费者以前，就征收一定的税。一种不能立即用完而可继续消费相当的时间的耐用商品，最适合用前一方法征税；一种可以立即消费掉或消费较快的商品，则最适合用后一方法征税。马车税及金银器皿税，是前者的实例；大部分的其他国内消费税及关税，则是后者的实例。

国内消费税，主要是加在那些由国内制造供国内消费的货物上。这种税只加在少数几种最常用的货物上。所以，关于课税的货物，关于各种货物的特定税率，都清楚明白没有丝毫疑问。这种税，除了盐、肥皂、皮革及蜡烛，或者还加上普通玻璃外，其余几乎全是加在奢侈品上面。

关税的实行，远比国内消费税要早。在最初，它似乎被看作是对商人利润所课的税。在愚昧的时代，人民不懂得商人的利润，无法对其直接课税，或者说，一切这种税的最后支付都要落在消费者身上，此外还要加上一个额外数目。与英国本国商人的利益比较，外国商人的好处还要遭受更大的嫉视。因此，后者所纳的税自然比前者更重。这种有所区别的关税，起源于无知，以后又由于垄断精神使本国商人在外国市场及本国市场居于有利地位而继续下来。古时的关税，对于一切种类的货物，不论必需品或奢侈品，也不论输出品或输入品，都平等征税。古时关税，分为三个部门：第一个部门，即一切关税中最早的部分，是羊毛和皮革的关税。这种税主要是或全部都是出口税；其他两个部门，一为葡萄酒税，一为对其他一切货物所课的税，称为镑税。

重商主义制度逐渐地流行起来。旧补助税，对出口货物及进口货物不加区别地一律征收。后来的四种补助税，完全加在进口货物上面。对本国产品及国内制造品出口所课的各种旧税，大部分或减轻或完全废除，而多数是完全废除。

本书第四篇说过，重商主义对于民众的收入，对于国家土地劳动的年产物，并不怎么有利。对于君主的收入，也不见得更有利，至少在收入上依靠关税方面是这样。加在许多外国进口物品从而阻止英国消费这些物品的重税，在许多情况下只不过鼓励了走私，而在一切情况下却减少了关税收入，使之少于轻税所能收到的数额。对国内产品及制造品出口有时所给的奖金，及对大部分外国货再出口的退税，引起了许多欺诈行为，并且引起了对国家收入最具破坏性的走私。

为了使社会大多数人民，按照他们各自支出的比例提供国家收入，似乎没有必要对于支出的每个项目都课税。由国内消费税征得的收入，与由关税征得的收入，被认为是同样平等地由消费者负担的。然而国内消费税只加在几种用途广，消费多的物品上，于是，许多人的意见是，如果管理得当，关税也同样可以只加在少数物品上而不会使公共收入有所亏损，而且可以给对外贸易带来很大的利益。

当收入减少是由于消费减少时，唯一的补救方法就是降低税率。当收入减少是由于鼓励走私时，可以有两种方法补救：一是减少走私的诱惑；一是增加走私的困难。只有降低关税，才能减少走私的诱惑；只有建立最适于阻止走私这种不法行为的税收制度，才能增加走私的困难。根据经验，国内消费税法防止走私活动要比关税法效果大得多。在两种税性质许可的范围内，把类似国内消费税的制度用于关税方面，那就能大大增加走私的困难。这种变更是轻而易举的。

如果制度的变更，不会使国家收入有何等损失，全国的贸易及制造业就肯定要获得非常大的利益。占商品最大多数的未课税商品的贸易将完全自由，可以自由地运销世界各地，得到一切可能得到的利益。这些商品，包含一切生活必需品及一切制造品的原料。某些制造品由于原料的自由输入，其价格降低的比例会更大。本国制造品的低廉，不但会保证我国商人占有国内市场，而且能大大支配国外市场。就连一切课税品的贸易也会比现在有利得多。

对于由外国进口为国内消费的奢侈品所征的税，有时虽然落在穷人身上，但主要是由中产阶级及中产以上的人民负担。如外国葡萄酒、咖啡、可可、茶、砂糖等的关税，都属此类。对于国内生产国内消费的较低廉的奢侈品所征的税，是按照各人支出的比例，平均地落在一切阶级人民身上。穷人支付自身消费的麦芽、酒花、啤酒、麦酒的税；富人则支付自身及仆人所消费的各种物品的税。

这里必须指出，下层阶级人民或中层阶级以下人民的全部消费，比任何国家比中层阶级与中层阶级以上人民的全部消费，在数量上和价值上都大得多。与上层阶级的全部支出相比，下层阶级的全部费用要大得多。第一，每个国家的全部资本，几乎都是用作生产性劳动的工资而分配给下层阶级人民。第二，来自土地地租及资本利润的收入的大部分，都是用作仆人和其他非生产性劳动的工资及维持费，每年分配于下层阶级人民。第三，资本利润有一部分是属于这阶级作为使用自己资本所得的收入。小商店店主和一切零售商人每年挣得的利润额，到处都在年收入中占一个极大的部分。第四，甚至有一部分土地地租也属于这一阶级。而在此部分中，一大部分为比中层阶级略低的人所有，一小部分为最下层阶级人民所有，因为普通劳动者有时也拥有一两亩的土地。这些下层阶级人民的支出，就个人分开来看是极小的，但就全体合起来看，却占社会全部支出的一个最大部分。

不过，我们要记住：应当课税的，是下层阶级人民的奢侈费用而不是他们的必需费用。对他们的必需费用课税，其最后支付要完全由上层阶级人民负担，即由年生产物的较小部分负担，而不由年生产物的较大部分负担。在一切时候，这种税必然会提高劳动工资，或者减少劳动需要。不把那种税的最后支付加在上层阶级身上，劳动价格就无从提高；不减少一国土地劳动年产物，劳动需求就不会减少。

酿造的发酵饮料及蒸馏的酒精饮料，如果不是为出售而是为自己消费，在英国不课任何国内消费税。这种免税目的虽在于避免收税员的访问与检查，其结果却常使此税的负担加在富人身上的过轻，加在穷人身上的过重。同样，为自己消费而制造的麦芽，虽然不受收税人员的访问和检查，但每人却必须纳税 7 先令 6 便士。也许因为这个税，也许因为其他原因，自家制造麦芽不如自家酿造饮料那样普遍。

往往有人说，对麦芽征收较轻的税，所得的收入会比现在对麦芽、啤酒及麦酒征收重税所得的更多。因为，瞒骗税收的机会，在酿酒厂比麦芽制造场要多得多，为自己消费而酿造饮料的人免纳所有的税，而为自己消费而制造麦芽的人却不能免税。

达夫南博士对现行国产税制度上的改变表示反对，但他的反对意见似乎没有什么根据。据他称，根据这一变革，现在很平等地分配于麦芽制造者、酿造者及零售业者利润上的国内消费税，在它影响利润的范围内将全部由麦芽制造者负担了；酿造者及零售商可以由酒的加价收回其税额，麦芽制造者却不容易做到这点；并且，对麦芽征收这么高的税，必然降低大麦耕地的地租及利润。

相当长的时期内，没有一种税能够降低任何职业的利润率。任何职业的利润率，往往与邻近的其他职业保持相当的水平。现在的麦芽税、啤酒税及淡色啤酒税，决不会影响商人在这些商品上的利润；他们可从增加酒价收回所付的税额，并附加一定的利润。这些酒的价格，可能因此降低一些，其消费不会减少而会增加。

除上述关税及国内消费税外，还有更不公平更间接影响货物价格的税。法国称为路捐桥捐的，就是这种税，昔日叫作通行税。其原来开征的目的，是维持道路与水路。这样的税最适合按照货物的容量或重量征收。这些通行税，结果无疑是由消费者支付，但消费者所付的税，不是按照付税时他的支出比例，不是按照他所消费货物的价值的比例，而是按照他所消费货物的容量或重量的比例。当这种税不按照货物的容量或重量征收，而按照其价值征收时，严格地说它就成为一种国内关税或国内消费税，会大大阻碍国家最重要的一个商业部门，即国内贸易。

有些小国，对于经水路或陆路通过其领土、从一外国运往另一外国的货物，征收与此类似的税。此税在一些国家称为通行税。位于波河及其支流沿岸的一些意大利小国家，由此税取得一部分收入，这收入完全来自外国人。这也许是唯一的不妨害本国工商业而由一国课加于他国人民的税。世界上最重要的通行税，是丹麦国王对一切通过波罗的海峡商船所征收的税。

作为关税及国产税大部分的奢侈品税，虽然完全是不加区别地由各种收入一起负担，但却不是平等地或按比例地落在每个人的收入上。由于每个人的消费是受他的性情支配的，所以纳税的多寡，不是按照他的收入的比例，而是根据他的性情为转移；浪费者所缴纳的超过应当的比例，节约者所纳的低于应当的比例。情况是，每个人的贡献都是自愿的，他可以完全有权力去消费或不消费课税商品。因此，当这种税由商人或制造者垫付时，最后支付此税的消费者不久就会把它与商品价格混同起来，而几乎忘记自己付了税。这种税，可以说是完全确定的。奢侈品税，纳税者什么时候需要购买就什么时候缴纳。

在缴纳时间与方法上，这种税是最方便的或有可能是最方便的。总的来说，这种税符合课税四个原则中的前三个原则，可是，对于第四个原则是违反的。

这种税的征收，人民所纳的多于实际归入国库的数目，常比任何其他税都大。可能引起这种后果的一共有四种不同情况。

第一，征收此税，需要设置许许多多收税人员。他们的薪俸与津贴，就是人民必须支付的真正的税，而没有给国家带来什么。第二，这种税，对于某些部门的产业必然要有所妨害或阻碍。因为商品常因此被提高价格，所以不免要在此限度内妨碍消费，从而妨害其生产。第三，走私逃税的企图，常常招致财产的没收及其他惩罚，使走私者完全破产。走私者破产了，他以前用以维持生产性劳动的资本，就会被吸收到国家收入中或税收官员的收入中用以维持非生产性的劳动。这样一来，社会的总资本就要减少，原来可以维持的有用产业也就相应地要减少。第四，这种税的施行，至少使经营课税商品的商人要接受税收官员的频繁访问和检查，这样他通常总是不胜其苦。虽然苦恼严格说来不算是支出，但却等于为了免除苦恼人们愿意付出的费用。

国家认为消费品税是对商人利润所征的税，所以货物每卖一次就征税一次。西班牙著名的消费税，仿佛就是根据这一原则设定的。这种税对于一切动产或不动产的每次出售，最初抽税 10%，后来 40%，现在抽 6%。在那不勒斯王国有一种同类的税，对一切买卖契约价值抽取 3%。不过它比西班牙的税要轻，并且该王国大部分城市及教区，都允许用一种赔偿金作为代替。

大不列颠联合王国各地通行划一的课税制度，几乎使全国内地商业及内地沿海贸易完全自由。国内贸易的大部分货物，可以由王国的一地运往别地，不要许可证、通过证，也不受收税人员的盘查。沿海输送的货物，固然要有证明书或沿海输送许可证，但除煤炭外，其余几乎都是免税的。由税制划一而取得的这种国内贸易的自由，恐怕就是英国繁荣的主要原因之一：每一个大国，当然是本国大部分产业生产物的最好、最广泛的市场。

在法国，各省实行各种不同的税法，不但需要在国家边界，而且需要在各省边界设置许许多多税收人员，以阻止某种货物的进口，或对货物征税。这样一来，国内商业就要受到很大的妨害。除了这复杂税制的一般限制外，法国对于重要性仅次于谷物的产物即葡萄酒的贸易，在大多数省份还加有种种特别的限制。这些限制的产生，是由于某些特殊省份的葡萄园所享有的优惠大于其他各省。

消费品税有两种征收方法：第一，由政府征收，收税人员由政府任命，直接对政府负责，并且政府的收入，随税收不时的变动而每年各不相同。第二，由政府规定一定额数，交给包税者征收，包税者得自行任命其征收人员，此征收人员负有按照法律指定方法征税的义务，受包税者监督，对包税者直接负责。最合适、最节约的收税方法，绝不是这种包税制度。包税者除了垫付规定税额、人员薪俸及全部征收费用外，还要从税额中提取一定的利润。政府自己设置像包税者所设的一样的管理机构，由自己直接监督，至少这种利润，常常是一个非常大的数额，是可以节省的。

公共收入的包税者对惩罚企图逃税者的法律，决不会觉得过于严厉。纳税者不是他们的臣民，他们当然没有任何怜恤，并且即使纳税者的破产发生于包收期满的第二天，他们的利益也不会受到太大影响。所以，国家的税法，就变得一天比一天残酷。最严厉的税法，常常存在于公共收入大部分采用包收制的国家；而最温和的税法，则常常见于君主直接监督征收的国家。君主再昏庸，对于人民的怜悯心也一定远远大于包税人。

包税者，提供了一定的税收金额，有时不但取得了一种税收的权力，而且取得了课税品的垄断权利。在法国，烟草税和盐税就是以这种方法征收的。在这种情况下，包税者不仅向人民征收了一个过度的利润，而且征收了两个过度的利润，即包税者的利润和垄断者的更大利润。

在法国，国王实际收入的大部分来自八个来源，即贡税、人头税、二十取一税、盐税、国内消费税、关税、官有财产及烟草包税。最后五者，各省差不多都采用包税制，而前三者，各地都在政府直接监督及指导之下由税务机关征收。众所周知的是，取自人民的数额的比例，前三者实际归入国库的要比后五者多，后五者管理上更为奢侈和浪费。

法国的课税制度，在所有方面似乎都不如英国。英国每年从不足 800 万的人民征收 1000 万镑的税款，绝不会有什么阶级受到压迫。法国包括洛林及巴尔在内，人口 2300 万至 2400 万，这个数目将近是英国人口的 3 倍。法国的土壤及气候是优于英国的，法国土地的改良及耕作是远在英国之前的，所以凡是需要长期来建造和积累的一切事物，如大都市建筑优良、居住舒适的房屋等，法国都胜于英国。没有这种种优势的英国，还能不费周折地征收赋税 1000 万镑，总该可以期望法国不费周折地征收 3000 万镑吧。然而根据报告，法国 1765 年及 1766 年国库的全部收入，还未达到 1500 万镑。以法国人口的数目，照英国人口的同一比例纳税，可以期望其能收得 3000 万镑。然而法国人民所受捐税的压迫，远远大于英国人民，这是世人皆知的。不过，欧洲除了英国以外，法国还算是有最温和、最宽大政府的大帝国了。

第三章　论公债

在商业未扩展、制造业未改进的未开化社会，对于只能由商业及制造业带来的奢侈品还一无所知的时候，有大笔收入的人们，除了维持能维持的生存力以外，再也没有其他消费或享受收入的方法，他们常常是把其中一部分储藏起来。经商对于一个绅士是不名誉的；放债当时被视为非义，而且违反法律，是更不名誉的。此外，在那种暴力和混乱的时代，说不定有一天会被赶出自己的住宅，所以在手边储藏一点货币，以便随时逃往安全地带，是可行的。经常有埋藏的宝物被发现无人认领，这充分证明，当时储藏货币及隐匿储藏的事实，是非常流行的做法。

节约与储藏流行于人民之间，也同样流行于君主之间。就是君主的支出也不能任由虚荣心支配，去追求华丽装饰的宫廷。当时常备军是没有必要的，所以，像其他大领主的支出一样，欧洲古代所有的君主都有财宝。即使在今天，听说每个鞑靼酋长还是存有财宝。

在各种高价奢侈品充足的商业国内，君主自然会把他收入的大部分，用来购买这些奢侈品，像国内一切大地主一样。他平常的支出，就等于他平常的收入；支出不超过收入，就算万幸了，储藏财宝更是没有指望的，一旦有特别紧急的情况需要特别支出，他必须要向人民要求特别的援助。平时没有节约，到战时就只好被迫举借公债。战争爆发后，国库中只有维持平时设施所必要的经费。战时国防设备所需的支出，是平时的三四倍，因此在战时，也必须有三四倍于平时的收入。

由于道德原因的作用，这种使政府有借款必要的商业社会状态，使人民具有贷款的能力和贷款的意愿。这种商业社会状态如果带来了借款的必要，它也同样带来了借款的便利。一个商人和制造商多的国家，必然有很多的人是愿意随时以巨额款项贷与政府的。所以，商业国人民都具有贷款能力。

人民如果对政府的公正没有信心，这个国家的商业和制造业就很少能长久地繁荣。国家有紧急的需要，一般会使政府以极有利于出借人的条件借款。由于人民普遍信任政府的公正，债券大概能以比原价高的价格在市场上买卖。商人或有钱者，把钱借给政府可以赚到钱，他的营业资本不但不会减少反而会增加。政府如果允许他最先认购新借款，他会将其视为一种优待。所以，商业国人民都具有贷款的意愿。

国家与个人一样，开始借款时通常全凭个人信用，没有指定特别资源或抵押特别资源来保证债务的偿还。在这种信用失效以后，它们继续借款就要以特别资源作抵押。当这种手段行不通，而政府举债需要指定或抵押国家特定的收入来担保债务的偿还时，政府在不同时候曾使用了两种不同的方法：有时这抵押只限于短期，如一年或几年；有时又是永久性的。货币用前一方法借入，称为预支法；用后一方法借入，则称为永久付息法或简称付息法。

在英国，每年征收的土地税及麦芽税，政府逐年依据不断插入课税法令中的借款条款加以预支。这项款额通常由英格兰银行垫支，收取利息，在税款陆续收回国库时逐渐得到补偿。其利息率，自革命以来经常变化，从3%—8%不等。如果某年度的税款不足以还清垫支的金额及其利息，则不足的余额，由次年收入的税款补偿。这样，国家收入中尚未用作担保的唯一主要收入部门，每年在未收归国库之前，就已提前消费了。

在威廉国王及安妮女王时代，永久付息的借款方法不像今天那么常见。那时候，大部分新税只限于短期征收，每年国库的支出是来自预支这些税收的借款。税收往往在限定期内，不足以偿还借款的本金及利息，于是就得延长收税年限去补足这项短缺。几次法令的结果，使以前只短期预支的税，大部分全都变成永久征收的了。作为基金，不用于支付连续由预支所借入款项的本金，而在于支付其利息。

欧洲大多数国家的政府，往往在第一次预支时，就使基金负担过度，这样下去，指定的基金就变得完全不够支付所借的本金及利息，于是就不得不只支付利息，或支付等于利息的永久年金。这种短视的预支，必然会导致破坏性更大的永久付息办法的采用。

在安妮女王统治时期，市场利息率由6%降至5%；安妮女王12年，宣布5%为私人抵押借款的最高合法利息率。英国大部分临时税变成了永久的之后不久，国家的债权人，与私人债权人一样，也被说服接受5%的利息。这样一来，由短期公债换为长期公债的借款的大部分，就产生了1%的节约。这种节约，使得用作基金的各种税在支付所担保的各项年金后，还有一个巨额剩余奠定了减债基金的基础。1757年，公债的利息更降到了3%。于是减债基金，越发增加了。

减债基金虽然是为支付旧债而设，然而对于新债的举借也提供了不少便利。它可以说是一种补助金，在国家有急需的时候，可用它来弥补其他基金的不足以举债。借款的方法除了预支和永久付息，介乎这两者之间的还有其他两种方法，即有期年金借款法和终生年金借款法。

在威廉国王及安妮女王时代，往往以有期年金法借入巨额货币，期限有时较长，有时较短。在 1739 年和 1755 年开始的两次战争中，由有期年金或终生年金借款很难。然而 1798 年或 1799 年的年金，几乎与永久年金所值货币相等，所以有理由设想其应该与永久年金借入同样多的款。因此，长期年金的内在价值，虽与永久年金的内在价值出入不大，但不可能有永久年金那么多的购买者。新债的认购者，通常都打算尽快抛出其公债，所以在金额相等的情况下他们都宁愿购买可由议会偿还的永久年金，而不愿购买不能赎还的长期年金。在上述两次战争期间，有期年金或终生年金都是给予年金或利息。此外，还给新借款认购者一种奖金。就是说，不是作为偿还所借货币的年金，而是作为对出借人的一种附加奖励。

在法国，公债中由终生年金构成的部分要比英国大得多。英法两国政府借债方法上的差异，不是由于两国政府渴望解除国家收入负担的程度有所不同，而完全是由于出借人的观点及利益有所不同。英国政府所在地，是世界最大的商业都市，因此贷款给政府的人大部分是商人。商人贷出款项，不是为了减少其商业资本，反之，却在于增加其商业资本。所以，新债的债券如果不能以相当的利润卖出，他是不会认购新债的。但是，他贷出货币所购入的如果不是永久年金而是终身年金，那么不论是他自己的或是他人的终身年金，当其转售时就很难有利润可赚。法国政府所在地，不是大商业都市，贷款给政府的人，多半是那些和财政有关系的人，如包税者、未包税的税收人员、宫廷银行家等。这些人大都出身卑微，又因为有钱，所以很骄傲。他们不屑与同等身份的妇人结婚，而较有身份的妇人也不屑与他们结婚，所以他们常决定过独身生活，不关心身后留下财产。对于不大为后人打算的独身者，购买一种不长不短、恰如其希望的长期收入，是再便利没有的了。

近代政府和平时期的经费，常常是等于或者大约等于其经常收入，所以战争一旦发生，政府不仅不愿按照费用增加的比例而增加收入，而且也不能。用借债的方法，能使它们只要稍微增加税收就能逐年筹得战争所需的费用；并且通过永久付息，它们可能以最轻微的增税逐年筹得最多的款。一个大帝国中住在首都的人，以及远离战场的人，都不会感到战争的不便。

可是和平的恢复，却很少能够解除在战争中加重的大部分赋税负担。那些赋税，已经作了战争公债利息的担保。如果旧税和新税在支付战争公债利息及开支政府经费外，尚有剩余，那么剩余部分就可以转作偿还债务的减债基金。征收新税的唯一目的，在于支付以此为担保的借款的利息。减债基金的产生，通常都是由于后来利息的减少，而很少是由于收到的税额超过应付利息或年金的数额。所以，以这种基金偿还债务往往是不够的。

挪用减债基金，常常是摆脱目前困难的最容易的方法。可是，公债积累得越多，就越有必要研究如何缩减公债；而滥用减债基金就越危险，越具毁灭性。当国家已负担了过度的赋税，除非迫于进行新的战争，除非为报国仇，除非为救国难，人民是不能再忍受任何新税的。因此减债基金往往被滥用。英国自从最初采用永久付息这种破坏性方法以来，平时公债的减少从来没有和战时公债的增加成比例。现在的巨额公债，大部分起源于1688年开始并于1697年以《里斯维克条约》结束的那一次战争。

一位作家主张：欧洲各债务国的公债，特别是英国的公债，是加在国内其他资本以外的另一笔大资本；有了这个资本，商业的扩展，制造业的发展，土地的开垦和改良，比单靠其他资本可能达到的程度要大得多。可是他没有注意到，最初债权人贷给政府的资本，在贷出的那一瞬间，已经由资本的作用转化为收入的作用了。换言之，已经不是用以维持生产性劳动者而是用以维持非生产性劳动者了。一般来说，政府在借入资本的当年，就把它消耗和浪费了，将来不能再生产什么了。固然，贷出资本的债权人往往收到了和该资本等价的公债年金，他们可卖出此年金，或以此年金作担保向他人借入等于或多于他们贷给政府的资本的新资本。但是，他们这样地由他人借入的新资本，以前一定是存在于国内的，并且与其他资本同样用以维持生产性劳动。一旦转入国家债权人手中，虽然从某一方面来看对这些债权人是新资本，但对国家来说并不是新资本，不过是由某种用途抽去转作其他用途的资本罢了。所以，对私人来说，其贷给政府的资本有所补偿，但就整个国家说，却无所补偿。

当国家费用由举债去支付时，该国以前存在的资本的一部分必然逐年受到破坏，以前用以维持生产性劳动的年生产物必然被转用来维持非生产性劳动。不过，在这种情况下所征收的赋税，较在前一场合较轻，所以人民个人收入上的负担较少，而人民节约收入的一部分以积累资本的能力，也因此受到的损害较小。在举债制度下，社会一般资本由政府的奢侈浪费所引起的损失，更容易由人民的节约与勤劳来得到弥补。不过，只在战争继续期间，举债制度才优于其他制度。如果战争支出从当年所征的税收来开支，那么，从而获得特别收入的赋税，将不会维持到一年以上。与举债制度比较，人民在这种制度下的私人积累能力在战时较小，在平时则较大。战争不一定会引起旧资本的破坏，和平则必会促成更多新资本的积累。

有人说，支付公债利息就像右手支给左手。货币从来没有流出国外，不过是把某阶级居民的一部分收入，转移到其他阶级罢了，国家不会因此比从前少一分钱。这种辩解完全是以重商主义的诡辩为基础的。此外，有人认为全部公债都是募自本国人民的，这绝非事实，我国公债就有很大一部分是荷兰人及其他外国人的投资。即使全部公债没有外国人投资，也减少不了公债的弊端。

土地和资本，是私人和公共一切收入的两个源泉，是由土地所有者和资本所有者管理的。但是土地税的繁多，使地主收入相应地大减；各种生活必需品和便利品税的繁多，使该收入的真实价值大减，那地主就没有能力进行或维持要花很多费用的改良。总之，由于地主的困难增加，该国的农业就必然要趋于衰落。如果各种生活必需品和便利品税的征收，使资本所有者觉得他们资本的收入，在某个国家不能购得同额收入，而在其他国家所能购得那么多的必需品和便利品时，他们便会打算把他们的资本迁往其他国家。资本一经移动，依靠资本支持的产业将随着衰弱，而该国的商业和制造业又将继农业之后遭到荒废。

举债的方法，总是使采用此方法的一切国家都走向衰弱。首先采用这方法的，是意大利各共和国。热那亚及威尼斯，是意大利各共和国中仅存的两个独立的共和国，它们都因举债而衰弱。西班牙似是由意大利各共和国学会举债的，而西班牙负债已经很长历史了。

当公债积累到某种程度时，结局就是破产。提高货币的面额即名义价值，那是公债借偿还之名伪装破产事实的伎俩。例如，根据议会法令或国王布告，6 便士的银币提高其名义价值为 1 先令，或 20 枚 6 便士的银币宣布等于 1 镑，那么，按旧面额借入 20 先令或 4 盎司白银的人，在新名义价值下，只需银币 20 枚或略少于 2 盎司的银就可偿还其债务。约 1. 28 亿镑的国债，大约等于英国长期和短期公债合计的本金。如果照此方法偿还，大约需要现币 6400 万镑就够了。像这样偿还债务实不过是伪装的罢了，国家债权者实际应得的每 1 镑，都被骗去了 10 先令。因此，这种办法，对于国家债权人的损失，没有减轻只有增大。国家得不到任何利益，而更多无辜的人民却蒙受了灾难。如果国家有必要宣布破产，就像私人要宣布破产时那样，光明正大和直言不讳总是对债务人名誉损害最轻、对债权人利益也损害最轻的办法。国家为隐蔽实际破产的不名誉，而采取这种容易识破又极端有害的欺瞒，真是再笨不过的了。为了同一目的，国家有时降低铸币的标准成色，在铸币中搀以较大量的合金。例如，按现行法定标准，每 1 镑的银币只能掺劣金 18 本尼威特①，如果掺入 8 盎司，这种银币 1 镑或 20 先令，就与现币 6 先令 8 便士相当，而我国现币 6 先令 8 便士所含的银量就几乎提高至 1 镑的名义价值了。但是，增大面额这个做法是公然的不正当行为，而标准成色掺假却是阴险的欺诈的不正当行为。所以后者一经发觉，常比前者要引起更大的愤怒。

① Penny – weight，等于 1/20 盎司。

英国国家收入的剩余部分非常的少，想完全解除国家收入上的负担，似乎是没有希望的。所以，除非国家收入有大的增加，或国家支出有大的缩减，否则这负担的解除是难以实现的。比现在更公平的土地税和房产税以及税制的改革，也许可在不增加大多数人民的负担的情况下使国家的收入大大增加。然而，就是最乐观的设计者也不敢希望，这样增加的收入足够完全解除国家收入上的负担。把英国本国的税制推广到帝国所属的所有地区，不问那地方的居民是不列颠人或是欧洲人，这样收入或许会大大增加。

英国税收有四个主要部分，即土地税、印花税、各种关税及各种国产消费税。就土地税的纳税能力来说，爱尔兰肯定与英国不相上下，而美洲及西印度殖民地当有过之而无不及。在各属地推行印花税显然是没有困难的。在诉讼程序以及动产不动产转移契约形式差不多相同的地方，这种税就可不作更改地照样征收。英国的关税法推广到爱尔兰及各殖民地，如果同时也扩大其贸易的自由，那对这两者都有最大程度的利益。英国税制中必须进行修改以适应各地特殊情况的，只有国产消费税。爱尔兰的生产和消费与英国具有同一性质，所以，可应用英国税制而无须修改。美洲与西印度的生产和消费性质就和英国大不相同了，所以必须加以修改，正如这税制应用到英格兰产苹果酒和啤酒各州要修改一样。

砂糖、甜酒及烟草，在哪里都不算是生活必需品，但几乎在哪里都是普遍的消费对象，因此对它们课税是再合适没有的了。把这种税制推广到帝国所属的各个地区，所能产生的收入总额究竟有多少，要想得到相当准确的数字无疑是不可能的。英国根据这一制度，在不到 800 万人口的人民中，每年可征收 1000 万镑的收入。欧洲和美洲的全部帝国属民，合计不超过1300万。如果这税制对于800万以下的居民能征收1000万镑以上的收入，那么，1300万居民，当可征收1625万镑以上的收入。假定爱尔兰及各殖民地的政府行政开支所必要的收入为100万镑。在1625万镑中，减去这100万镑，还剩有1525万镑，可供帝国支付一般费用及公债利息之用。如果英国现在的收入中可节约100万镑来偿付公债，则在此增加的收入中，就不难节约625万镑来偿付公债。况且这一大笔减债基金，又可以因前一年偿付公债而无须支付利息，可逐年增大。减债基金这样急速的增加，在几年之内就足够偿还全部公债，而完全恢复现在消沉的帝国活力。

然而，由这种课税制度产生的收入，并不一定会立即按照纳税人民人数的比例而增加。对于帝国领土内从未习惯此负担而刚开始承受此负担的各属地，在一定时期内应当放宽限制。并且，即使在各处都尽可能严格地依法征收，也不会处处按照人民数目的比例产生收入。

有人这样说：美洲人没有金币也没有银币，那里的内地贸易全用纸币进行。没有金银，是不能纳税的。然而，美洲现在金银的稀少，不是由于那个地方贫穷，也不是由于当地人民没有购买这些金属的能力。与英格兰比较，那里的劳动工资是那么高，食品价格又是那么低，如果他们大多数人民认为购买更多金银有必要的话，为了便利，他们一定是有能力购买的。因此，这些金属的稀少，是他们自动选择的结果。金币银币之所以成为必要是为了进行对内对外的交易。

本书第二篇说过，各国的国内交易以纸币进行，和以金币银币进行差不多同样的便利。至少，在和平时期是如此。美洲人总是把比他们所容易获得的多得多的资本使用在土地改良上从而得到利润；因此，尽量节省其剩余生产物中必须用以购买昂贵的金银的部分，用以购买衣料、家具及开垦耕作必要的农具等。换句话说，不购入死的资本，而购入活的生产资料，对他们一定是有利的。殖民地政府发现，供给人民以足够或超过足够流通国内交易的纸币量，符合自己的利益。宾夕法尼亚政府，往往以若干厘的利息把纸币贷给人民从而获得一项收入。马萨诸塞政府，一有急需便发行纸币以供国用，以后在对情况好一些的时候，再按纸币逐渐下跌的市价慢慢收回。各殖民地与英国进行的对外贸易中使用金银的多少，完全与需要的大小成比例。在不需要金银的场合，金银就很少见到；在需要金银的场合，一般总不愁找不到金银。

英国与烟草殖民地之间的贸易，通常是以英国长期的信用先赊给殖民地人民，再按一定的价值以烟草支付。以烟草支付，不以金银支付，对殖民地人民比较便利；商人对和其往来的店家购买货物，不付金银，而付以他自己碰巧正在经营的货物，对商人比较便利。在北部各殖民地，即在宾夕法尼亚、纽约、新泽西、新英格兰四州等地，输往英格兰的产物的价值比它们为自己使用而由英格兰输入的制造品的价值小，因而，这项差额就不能不以金银付给英格兰，而它们通常都能找到这项金银。

因此，就大部分殖民地来说，其金银之所以稀少，并不是由于贫乏。它们对活的生产性资本有很大需求，因此尽量节省死的资本对他们更便利，并满足于与金银比较不合宜但却低廉的交易媒介。在那些没有金银货币就不能进行交易的部门，它们通常总能找到必要的金银币。如果找不到的话，那也不是它们贫乏的结果，而是它们从事不必要的和过渡的企业的结果。

爱尔兰和美洲应该为英国偿还公债做出贡献，不是不公道的。英国的公债，是支持由革命建立的政府而借下的。由于这个政府，爱尔兰的新教徒才得以在本国享有现在所享有的全部权力。他们的自由，他们的财产，乃至他们的宗教，才得以有所保护。美洲的好多殖民地，也由于这个政府才有其现在的特许状和现在的宪法。美洲一切殖民地人民所享有的自由、安全和财产，也是依靠这个政府。

爱尔兰与英国合并以后，除享有自由贸易的利益外，被贵族权力压迫的中下级人民也完全得到了解放。美洲各殖民地，如果与英国合并，在幸福安定方面，也会获益不浅。至少可以免去在小民主政体下必然发生的仇恨和凶恶的党派斗争，这斗争往往分裂人民的感情并扰乱政府的安定。如果美洲完全与英国脱离关系，这斗争一定会比以前凶残十倍。

东印度公司获得的领土，无疑是属于国王的权利，也是属于英国国家与人民的权力。那些领土可以使其成为另一个收入来源，这可能比上述各来源都要丰富。与英国比较，据说那些土地更富饶，更广大，而按土地面积大小的比例，人民更富裕，人口更稠密。要从那里获得大笔的收入，比较妥当的办法，不是增加人民的负担，而是减少其负担；不是征收新税，而是通过阻止大部分已收入的赋税的滥用与侵吞。如果英国无法由上述各来源取得明显的增多的收入，那么可采用的唯一办法就是减少支出了。英国在美洲各殖民地的平时建设支出，数目巨大，如果不能由这些殖民地取得收入，这项支出无疑应该完全省去。为保障殖民地的 1739 年西班牙战争，及由此结果引起的法国战争，在两次战争上英国为各殖民地所花费的，大大超过前一次战争开始以前英国所负公债总额的两倍以上。如果没有这两次战争，当时的公债完全有可能偿还。如果不是为了这些殖民地，前一次战争，也许根本不会发生。英国支出了这么大的费用，就是因为它认为这些殖民地是它的省份的缘故。然而，对于维持帝国既未提供收入又未提供军事的地方，是不能被看作省份的。它或许可以看作附属于帝国的一种华丽的装饰吧。

前面说过，殖民地贸易垄断的结果，给人民大众带来的是损失而不是利益。现在，是统治者从美梦中醒过来也使人民醒过来的时候了。计划要是无法完成，就应该趁早放弃。如果英帝国的任何省份不能对全帝国的维持做出贡献，英国就该免除为防御那些省份而支出的军费，免除任何维持那省份的民政或军事设施的支出，并尽量使将来的计划符合国家的实际情况。